I0136653

AVERTISSEMENT.

Il est peu de persones de bon sens, sur-tout parmi les Instituteurs, qui n'aient remarqué que la méthode vulgaire dont on se sert pour enseigner l'art de la lecture, renferme des vices essentiels. Voici les principaux:

1.° C'est d'enseigner à la fois la figure et les noms de toutes les lettres;

2.° D'affecter aux consones une dénomination qui n'indique pas le son qu'elles produisent le plus habituellement, mais celui qu'elles peuvent produire accidentellement (1);

3.° De faire désunir des lettres, dont l'union nécessaire constitue un son qui n'existe plus dès l'instant qu'on les sépare : c'est ce qu'on appèle *épeler*.

J'ai cherché une méthode plus facile et plus sûre : il y a près de cinq ans que j'en ai conçu et rédigé le plan. Après l'avoir employée avec le plus grand succès, je l'offre aujourd'hui au public, avec les rectifications dont une expérience de plusieurs années m'a démontré la nécessité. Cette méthode consiste en général :

1.° A ne montrer les lettres que successivement,

---

(1) Par exemple, la lettre *f* ne produit le son *effe*, que lorsqu'elle suit un *e* sans accent, de la sorte *ef*, comme dans le mot *bref* : partout ailleurs elle se prononce *fe*; c'est donc ainsi qu'il faut la nomer. Il en est de même de presque toutes les autres consones.

a 2

en commençant par celles qui présentent moins de difficultés ;

2.º A doner aux consones le nom et le son qui leur convient le plus généralement ;

3.º A montrer de suite des syllabes et des mots composés des lettres que l'on vient d'apprendre ;

4.º A ne jamais séparer les lettres dont l'ensemble constitue un seul son, simple ou composé ;

5.º A ne faire jamais passer les enfants à l'étude d'une connaissance supérieure, avant que de leur avoir appris tout ce qui est plus facile et qui doit leur en préparer l'intelligence.

Comparons les effets de cette méthode avec ceux de l'autre.

Qu'un enfant rencontre le mot *honteux* ; pour le lire d'après la méthode vulgaire, il dira :

ache, o, ène, on ; té, é, u, ikse, teux ; honteux.
I 2 3 4 5 6 7 8 9 10 11 12.

Il prononcera douze sons pour lire ce mot ; et parmi ces douze sons, quel rapport y a-t-il entre les cinq premiers et le sixième qui résulte de leur assemblage ? les cinq suivants ont-ils la moindre analogie avec le douzième qui en résulte également ?

L'enfant que l'on aura instruit d'après ma méthode, saura d'abord que les lettres *h* et *x* (pages 51 et 43) ne doivent pas se prononcer ; reste — *onteu*, qu'il divisera facilement en deux syllabes (page 117, règle 2.ᵉ), de la sorte — *on-teu* ; et connaissant les 13.ᵉ et 10.ᵉ leçons, il arti-

LE LIVRE

DES ENFANTS,

DÉDIÉ

AUX PÈRES ET AUX INSTITUTEURS;

OU

MÉTHODE FACILE ET SÛRE

Pour enseigner en très-peu de temps à lire et à prononcer le français, par les principes les plus simples, exposés successivement selon les connaissances progressives de l'Élève.

PAR D. J. TRÉMBLAY, chef de bureau à Beauvais.

> Quiconque sait lire, sait le plus difficile de tous les arts. DUCLOS.

A BEAUVAIS,

Chez l'Auteur, et chez DESJARDINS, Imprimeur-Libraire.

A SENLIS,

Chez TREMBLAY père, Imprimeur-Libraire ; et chez *Victor* TREMBLAY, Libraire et Papetier.

A PARIS,

Chez *Calixte* VOLLAND, Libraire, Quai des Augustins, n.° 19.

~~~~~~~~~~~~~~~~

1806.

12719

Tout contrefacteur, distributeur ou débitant d'édition contrefaite, sera poursuivi devant les Tribunaux, en vertu de la loi du 19 Juillet 1793.

culera sans la moindre difficulté, et en deux sons distincts *on-teu*. La lecture du mot *honteux* se

I 2

réduit donc à sa division en deux syllabes, et à prononcer deux sons au lieu de douze qu'exige l'autre méthode.

Je n'ajouterai rien à cet exemple : c'est aux parents dont l'impatience bien naturèle appèle sans cesse le moment où leurs enfants sauront lire ; c'est aux Instituteurs, moins attachés à des opinions, à des préjugés anciens (2), qu'animés du désir de lever toutes les difficultés qui s'opposent aux progrès du premier des arts ; c'est à eux à apprécier l'une et l'autre méthode, et à prononcer.

Pour la commodité des parents et des Instituteurs, j'ai placé à gauche toutes les pages qui sont destinées pour les enfants (3) ; et pour l'a-

_____

(2) Ce n'est que par la force de la routine que les enfants apprènent à lire par l'anciène méthode ; et aussi, parce qu'ils ont beaucoup plus de mémoire que de jugement. Mais une persone un peu avancée en âge, et qui, par cette raison, a plus de jugement que de mémoire, peut rarement apprendre par cette méthode. En suivant celle que j'indique, on enseignerait en fort peu de temps à lire et à prononcer le français à une persone d'un âge au-dessus de l'enfance.

(3) Il résulte de cette disposition typographique, que pendant que l'enfant lit sur la page gauche, le maître peut parcourir l'instruction portée sur celle à

grément de ceux-ci, elles sont toutes encadrées.
Pour plus de facilité, et par un autre but d'uti-
lité, j'ai extrait tout ce qui, dans ce livre, est
destiné pour les enfants, et j'en ai formé un
livret séparé qu'on peut leur doner (4).

Je hasarde aussi quelques légers changements
dans l'orthographe (5); et mon but, en cela, est
encore de rendre la lecture plus facile.

---

droite, et même en continuer la lecture, lorsque cette
instruction se prolonge sur les pages suivantes : par
exemple, l'enfant peut lire aisément sur la page 32,
pendant que le maître lit les pages 34 et 35, si ce der-
nier tient en l'air le feuillet que composent les pages
33 et 34.

(4) Ceci est principalement utile aux Instituteurs,
qui peuvent doner un livret à chaque élève, et n'avoir
qu'un seul exemplaire de l'ouvrage pour eux-mêmes.

(5) Lorsque l'étymologie d'un mot est d'accord
avec sa prononciation pour ne pas exiger le doublement
ment d'une consone, je la mets simple, ainsi que
Wailly, Richelet, etc. et j'écris *voyèle*, *conso-
nomer*, etc. parce que ces mots viènent du latin *vo-
calis*, *consonans*, *nominare*, etc. et que l'on n'y prononce qu'une des deux consones qu'on y double ordinairement.

J'écris le son è par *ai* et non par *oi*. Je n'ai pas besoin de justifier cet usage : Voltaire a répondu aux
objections qu'on y voudrait faire.

Je conserve le *t* dans les pluriels des noms en *ant*,
ent, que j'écris *ants*, *ents*, parce que la règle générale

Enfin, j'ai eu pour objet de tracer la marche progressive que l'on doit suivre pour enseigner aux enfants les principes de la lecture et de la prononciation, par une route facile, qui les conduise d'une connaissance à une autre, au lieu de leur tout apprendre à la fois. Je désire que cette méthode, qui a paru *très-bone* au Conseil d'Instruction publique (6), dont l'expérience a confirmé le jugement, épargne un temps précieux à tous

---

de la Grammaire française étant d'ajouter un *s* à la fin pour former le pluriel, il n'y a aucune raison pour supprimer le *t*, que l'on ne pense point à exclure des mots *écrits*, *esprits*, *forts*, etc. où il ne se prononce pas davantage.

Excepté sur ces trois points, j'ai suivi généralement l'orthographe de l'Académie. Je me permets seulement, dans quelques notes, de proposer des moyens de la simplifier, et sur-tout de diminuer le nombre des exceptions. Mon intention, à cet égard, me servira d'excuse; et peut-être un jour des mains délicates et prudentes feront-elles de quelques-unes de ces idées, l'objet de certaines réformes nécessaires dans notre orthographe.

(6) Le Ministre de l'Intérieur, à qui l'Auteur avait adressé son manuscrit, lui a répondu le 8 Brumaire an 8; » qu'il l'avait fait examiner par le Conseil d'Ins- » truction publique; que la méthode qui y est exposée » avait paru *très-bone* à ce Conseil, et que, d'après » son avis, il pourait, si elle était imprimée, la recom- » mander pour les écoles primaires. »

ceux qui se dévouent à ces pénibles fonctions, et aux parents qui se procurent la satisfaction d'instruire eux-mêmes leurs enfants : et puissé-je aussi épargner à ces intéressantes créatures les larmes que leur arrachent trop-souvent les difficultés rebutantes de l'anciène méthode!

Fautes essentièles, qui se trouvent dans quelques exemplaires, et que l'on est prié de corriger à la main.

Page 18, dans le Tableau des syllabes simples, *quatrième colonne, ligne 6,* .. ké... *mettez* kè.

Page 106, ligne 2 du Tableau, ... Tou-te,... *Toute.* *Mettez* ... Tan-te,... *Tante.*

LE

LE LIVRE
DES ENFANTS,

DÉDIÉ

AUX PÈRES,

ET

AUX INSTITUTEURS.

OBSERVATIONS
PRÉLIMINAIRES,

ET.

INSTRUCTIONS GÉNÉRALES.

1. LES leçons que l'on donera, devront être courtes, mais fréquentes. Il est clair que les divisions de cet Ouvrage, quoiqu'elles portent le titre de *Leçons*, ne doivent pas guider l'Instituteur pour la durée des siennes, puisqu'elles sont toutes d'inégale étendue,

A

et proportionnées à celle des articles qui y sont traités. Ainsi il se pourrait que, pour la connaissance d'une leçon de cet Ouvrage, il employât douze ou quinze des siennes; mais, dans tous les cas, il ne faudra jamais quiter une de ces leçons pour passer à une autre, sans que l'enfant connaisse parfaitement celle que l'on quite, ainsi que toutes les précédentes.

2. Il est bon de déterminer des heures de lecture, et de doner assez réguliérement les leçons tous les jours aux mêmes heures, afin d'habituer les enfants à une certaine règle qui ne peut que diminuer la force de leur penchant naturel à la dissipation : mais il ne faut pas trop insister quand on les voit préoccupés par le jeu, ou par toute autre cause, et il est prudent alors de terminer promptement la leçon. Au contraire, paraissent-ils disposés à apprendre, profitez de ce moment favorable; et, sans les fatiguer cependant, saisissez cet instant pour leur montrer une nouvele leçon et de nouveaux carac-

tères. C'est un germe, qui, jeté à propos dans leur faible tête, y fructifiera bientôt avec facilité.

3. Les enfants ne doivent lire que sur les pages qui sont en gros caractère, et placées à gauche du livre, ou dans le livret qui est extrait de celui-ci. Tout ce qui est démonstration, instruction ou raisonement, est en caractère plus petit, et ne doit être lu que par celui qui enseigne. Cependant, quand les enfants commenceront à lire couramment, il sera bon de leur doner l'ouvrage entier pour premier livre de lecture. Ils y verront expliqués, et ils auront le plaisir d'y lire, les règles et les principes qu'on leur aura appris. Ils se les graveront plus profondément dans la mémoire; et, sous tous les rapports, ce livre ne poura que les fortifier infiniment dans la lecture.

4. Il faut avoir grand soin (et j'insiste fortement là-dessus) de faire prononcer à l'enfant, en un seul et même temps, chacun des sons exprimés par les lettres en gros caractère, dans les

pages à gauche, et de ne jamais les lui diviser en plusieurs lettres. Ainsi, il ne faut pas lui faire dire *c*, *h*, *che*; *o*, *n*, *on*; *t*, *r*, *tre*; etc. mais on lui fera prononcer en un seul son *che*, *on*, *tre*, etc. Cette observation s'applique généralement à toutes les leçons, ainsi qu'aux tables des syllabes simples, consonantes, ou composées. Il faut qu'à l'inspection des lettres doubles ou triples *bl*, *ain*, *ar*, *mi*, etc. il prononce *ble*, *in*, *are*, *mi*, etc. de même qu'à l'inspection de la seule lettre *b*, il prononce *be*. Voilà la base principale et essentièle de ma méthode. C'est le seul moyen d'éviter l'épellation, cette invention bizâre et monotone de nos ancêtres.

5. On peut faire une observation semblable à l'égard des lectures qui terminent plusieurs leçons. Il faut bien prendre garde que l'enfant prononce chaque syllabe en un seul son, lorsqu'il lira la colonne à gauche, qui est celle des mots divisés en syllabes. Cependant, quand il se trouvera embarrassé par une syllabe composée de deux élé-

ments distingués dans différentes leçons de ce livre, on poura lui partager
la syllabe en ces deux éléments, afin
de ne le point rebuter. Par exemple, si
dans le mot *transiger*, il a de la peine
à lire tout d'un coup la première syllabe *tran*, on lui rappélera le son *tr*
(11.ᵉ Leçon) et le son *an* (13.ᵉ Leçon),
et on lui fera facilement sentir que la
réunion de ces deux sons produit la syllabe *tran*: mais que l'on se garde bien
de lui faire dire *t, r, a, n, tran*, etc.

Au sujet de ces lectures, j'observerai
aussi, qu'il faudra lui faire lire d'abord
le mot divisé en syllabes, bien distinctement, séparément, et chacune d'elles
en un seul son. Quand il aura ainsi prononcé toutes les syllabes du mot, dans
la colonne à gauche, il ne sera pas difficile, en les lui montrant réunies, dans
la colonne à droite, de lui faire lire le
mot, sans le diviser en syllabes.

6. A mesure que l'enfant aura appris
les principes renfermés dans chaque
leçon, quand on l'aura exercé sur la
lecture qui la termine, que l'on ne man-

que point d'ouvrir un livre quelconque ;
et, en lui montrant des lettres, des
mots et des exemples analogues à la
leçon qu'il doit savoir, on s'assurera si
c'est plutôt la conviction et le bon sens
qui agissent sur son esprit, que la mémoire ou la routine.

Voyez au surplus, ce que je dis là-
dessus, dans les 2.e et 4.e Leçons.

7. J'ai placé à la suite de chaque
Leçon les diverses exceptions dont les
préceptes et les règles y énoncés peuvent être susceptibles. (1). Je ne con-
seille pas cependant de les montrer successivement à chaque leçon, à moins

---

(1) Il n'y a point, dit-on, de règles, sans
exceptions. S'il est un cas où l'on puisse appliquer ce proverbe, c'est surtout à l'égard des
règles de la lecture, de l'orthographe et de la
grammaire françaises ; car il en est peu qui ne
souffrent des exceptions. Il serait bien à désirer
que l'usage, en simplifiant l'orthographe, dimi-
nuât le nombre, toujours trop grand, de ces exceptions.

que les élèves ne soient fort intelligents et bien à portée de les comprendre ; ce qui ne peut guère avoir lieu qu'à l'égard des personnes un peu plus âgées. Quant aux enfants, il vaut mieux attendre que leurs idées soient un peu dévelopées, et ne leur apprendre les diverses exceptions, qu'au moment où ils liront eux-mêmes l'Ouvrage entier. (Voyez ci-devant, 3.ᵉ observation).

PREMIÈRE LEÇON.

VOYELES SIMPLES.

a é

i o

u

PREMIERE LEÇON.

VOYELES SIMPLES.

Le son propre de ces voyèles, est celui que l'on remarque dans les premières syllabes des mots — *a-mi*, *é-té*, *i-mage*, *o-range*, *u-sage*.

Il faut apprendre à l'enfant ces sons simples; de telle sorte qu'à l'inspection seule d'un de ces caractères, il en prononce le son naturel régulièrement et ouvertement.

J'ai observé que les enfants retiennent plus facilement d'abord la figure de l'*o*, puis celle de l'*i*, etc. dans l'ordre suivant — *o*, *i*, *é*, *a*, *u*. C'est précisément l'ordre de ces voyèles dans le mot *oiseau*.

SECONDE LEÇON.

VOYÈLES ACCENTUÉES.

é è
ê e
â î
ô û

SECONDE LEÇON.

VOYÈLES ACCENTUÉES.

L'ENFANT connaissant bien les sons simples des cinq voyèles, on lui apprendra les différentes variations que ces sons éprouvent, selon que les caractères en sont affectés de signes différents que l'on nome *accents*.

En conséquence, on lui fera prononcer les voyèles ci vis-à-vis, selon les sons qu'elles doivent avoir, d'après les principes suivants :

L'accent *aigu*, ('), que l'on ne met que sur la voyèle *é*, lui done le son qu'elle a dans le mot *été*. C'est le son simple et naturel de cette voyèle, qui, différente des quatre autres, ne se prononce naturélement qu'avec l'accent aigu.

L'accent *grave*, (`), qui se met aussi sur la même voyèle (1), lui done le

_____

(1) L'accent grave se met aussi sur l'*a* et l'*u*, *à*, *ù* : mais il est inutile de brouiller les idées

son que l'on remarque dans le mot *près*,

(Remarquez la différence de ces deux accents, dans cette phrase : *Les* prés *sont* près *de la ville*).

L'accent *circonflexe* (^), se met sur les cinq voyèles, et leur donne un son long et plein, tel qu'on peut le remarquer dans les mots — *âtre, être, épître, rôle, bûche.*

Quant à la lettre *e* sans accent, on peut observer à son sujet, qu'elle n'a qu'un son faible, qu'on peut rendre par *eu* faiblement prononcé ; et tel qu'on peut remarquer à la fin du mot *ame*, abstraction faite du son qui est propre à la lettre *m*.

L'*e* sans accent, se nome *é muet*, parcequ'il ne se prononce que faiblement, et même point du tout à la fin des mots, sur-tout lorsque, dans ce cas, il est précédé d'une autre voyèle. Ainsi

---

des enfants, par cette observation, qui n'appartient qu'à l'orthographe, et point à la lecture, puisque cet accent ne change en rien la prononciation des voyèles *a* et *u*.

on

on prononce les mots *durée, saisie, vue*, comme *duré, saisi, vu.*

L'*é*, se nome *é fermé.*

L'*è*, se nome *é ouvert.*

L'*ê*, se nome *é long.*

Ne quitez point cette leçon, que l'enfant ne connaisse parfaitement les noms et surtout la figure de ces accents, et les différentes inflexions qu'ils font éprouver aux sons des voyèles.

Ainsi, en leur montrant *ô*, on leur fera prononcer le son qu'exprime ce caractère; puis ainsi de l'*è*, de l'*â*, etc. en intervertissant l'ordre dans lequel ils sont rangés.

Ouvrez ensuite le premier livre venu, pour les habituer à la différence des caractères; et leur montrant des voyèles affectées de ces accents, vous leur en demanderez le nom, le son, etc.

EXCEPTIONS.

1. L'*e* sans accent doit se prononcer comme l'*é ouvert* (*è*) dans les monosyllabes finissant par *s.*

B

On écrit . ... ces, des, les, mes, ses, tes;
On prononce cès, dès, lès, mès, sès, tès.

2. Lorsque, dans chacune des deux
dernières syllabes d'un mot, il n'entre
d'autre voyèle qu'un é sans accent (e),
comme dans pere, chimere, etc., celui
de la dernière syllabe est tout-à-fait
muet; mais le précédent doit se prononcer; et le son qu'il lui faut doner, est
celui que l'on remarque dans les mots
sincere, mere, etc. On emploie l'accent grave, assez généralement aujour-
d'hui, pour indiquer ce son, et l'on écrit
sincère, ils aimèrent, etc. Cependant,
ce son n'est pas si ouvert que dans les
mots près, succès, où l'accent grave
est à sa véritable place (2).

3. On ne doit doner à la lettre é le vrai
son qui lui convient, que quand elle entre
dans une syllabe immédiatement suivie
d'une syllabe féminine (3) : mais si la

_____

(2) Ne pourait-on pas créer un accent quelconque, comme (ˡ), (˜), ou (˅), dont on affecterait
les é de cette espèce?

(3) Une syllabe féminine est celle dans laquelle il n'entre d'autre voyèle qu'un é muet (e),

syllabe subséquente est masculine, l'*é* doit se prononcer *é*, et de long qu'il était, il devient bref (4).

Ainsi, quoique l'on dise *fête*, *arrête*, etc. on doit prononcer *fété*, *arrété*, etc. malgré que l'on écrive *fêté*, *arrêté*, etc. parceque les dernières syllabes des mots *fête*, etc. sont féminines, et que celles des mots *fété*, etc. ne le sont pas (5).

---

comme la dernière des mots *pè-re*, *li-vre*, *ils ai-mè-rent*, etc. Toute autre syllabe est masculine.

(4) La même chose arrive, à l'égard de tous les sons longs, qui devienent brefs quand la syllabe subséquente est masculine. On dit *âne*, *anon*; *abîme*, *abimé*; *rôle*, *enrôlé*; *brûle*, *brulure*, etc. quoiqu'on écrive *ânon*, *abîmé*, etc.

(5) Cette exception n'aurait pas lieu, si l'usage permettait d'écrire ces mots comme on les prononce, et rien ne serait plus simple: car, on écrit bien *notre* et *le nôtre*, avec ou sans l'accent circonflexe, selon que l'on doit prononcer ce mot; à plus forte raison, pourait-on écrire *fêté*, *arrêté*, etc. qui, quoique dérivés de *fête*, *arrête*, etc. ne sont pas cependant les mêmes mots, comme *notre* et *le nôtre*.

TROISIÈME LEÇON.

CONSONES SIMPLES.

b   d   f

j   k   l

m   n   p

qu   r   v

z

TROISIÈME LEÇON.

CONSONES SIMPLES.

(1)
b, d, f, j, k, l, m, n, p, qu, r, v, z.
be, de, fe, je, ke, le, me, ne, pe, ke, re, ve, ze.

APPRENEZ à l'enfant les noms et les sons de ces treize consones, et faites-les lui prononcer, ainsi qu'il est indiqué ci-dessus, au bas de chacune. Montrez-les lui dans un ordre inverse; faites-les lui remarquer dans divers livres, jusqu'à ce qu'il en connaisse infailliblement les noms et la prononciation.

---

(1) Il faut considérer les deux lettres réunies *qu*, comme une seule et même lettre dont le son est *ke*. Et en effet, ces deux lettres sont inséparables, excepté à la fin d'un très-petit nombre de mots, tels que *coq*, *cinq*. Par-tout ailleurs, la voyèle *u* est une dépendance nécessaire de la consone *q*; lorsque cette consone est seule, à la fin d'un mot, elle conserve la prononciation *ke*.

B 3

QUATRIÈME LEÇON.

SYLLABES SIMPLES.

a	e	é	è	i	o	u
ba	be	bé	bè	bi	bo	bu
da	de	dé	dè	di	do	du
fa	fe	fé	fè	fi	fo	fu
ja	je	jé	jè	ji	jo	ju
ka	ke	ké	kè	ki	ko	ku
la	le	lé	lè	li	lo	lu
ma	me	mé	mè	mi	mo	mu
na	ne	né	nè	ni	no	nu
pa	pè	pé	pè	pi	po	pu
qua	que	qué	què	qui	quo	quu
ra	re	ré	rè	ri	ro	ru
va	ve	vé	vè	vi	vo	vu
za	ze	zé	zè	zi	zo	zu

QUATRIÈME LEÇON.

SYLLABES SIMPLES.

LORSQUE l'enfant connaîtra parfaitement les cinq voyèles et les treize consones de la 3.ᵉ Leçon, il ne sera pas très difficile de lui faire lire le tableau des syllabes simples ci-contre; mais on le lui lira auparavant, en lui disant que le son *a*, joint au son *b*, produit le son *ba*; joint au son *f*, produit le son *fa*, etc. Il ne faut pas surtout l'habituer à dire — *be, a, ba*; *fe, a, fa*; il faut qu'il prononce en un seul son, et distinctement, chacune des syllabes, avec les inflexions que les accents déterminent (1).

Faites-le lire chaque ligne (*ba*, *be*,

---

(1) Quoique les syllabes longues *bâ*, *bê*, *bî*, etc. ne soient pas comprises dans ce tableau, (pour ne pas trop le compliquer,) l'enfant n'aura point de peine à les lire, quand il les rencontrera dans la lecture suivante; puisqu'il doit connaître la différence qu'il y a entre *a* et *â* (2.ᵉ *Leçon*): il

bé, etc.), jusqu'à la fin, puis chaque colonne (*ba* , *da* , *fa* , etc.), c'est-à-dire horisontalement et perpendiculairement; et ensuite, pour voir si c'est moins la routine que la conviction qui le guide, montrez-lui au hasard une syllabe prise dans tel rang que vous voudrez, puis une autre dans un autre endroit : exercez ainsi son attention, en variant beaucoup. Par exemple, montrez-lui la syllabe *pé*, puis *lo*, puis *zi*, etc.

Cette méthode s'applique à toutes les leçons. Elle est infaillible; elle évite la monotonie d'une répétition continuelle, met l'enfant sur ses gardes, et l'empêche de contracter une routine qui est l'écueil ordinaire de la réflexion.

Il est constant que lorsque l'enfant connaîtra bien toutes ces syllabes, il lira, sans difficulté, les mots qui composent la lecture ci-après, puisqu'ils sont formés par ces mêmes syllabes (2).

---

suffira de lui rappeler alors qu'il faut appuyer un peu plus long-temps sur ces syllabes longues que sur les autres.

(2) Faites bien remarquer à l'enfant que l'*é muet*

EXCEPTIONS

relatives aux syllabes qua, que, qui, *etc.*

La lettre *qu* se prononce *ku* et non pas *ke* dans les mots *équestre*, *questeur*, *quintuple*, *ubiquiste*, où l'on fait sentir la voyèle *u*. — Prononcez *écuestre*, etc.

On la prononce *kou* dans les mots *aquatique*, *équateur*, *équation*, *quadragésime*, et dans presque tous ceux qui commencent par *quadr.* Cette prononciation est conforme à celle de la langue latine, dont ces mots dérivent. Ainsi, prononcez *acouatique*, *écouateur*, etc.

On remarque ces deux diverses prononciations de *qu*, dans le mot *quinquagénaire*, qu'il faut prononcer *cuincouagénaire*.

(e), à la fin des mots, ne se prononce point (Voyez la 2.ᵉ Leçon); que par conséquent, les syllabes féminines se réduisent à la simple prononciation de la consone qui commence la syllabe. Si l'*é muet* est précédé immédiatement d'une voyèle, il se prononce encore d'une manière moins sensible. — Ainsi faites prononcer *émilie*, *fumée*, *rue*, comme *émili*, *fumé*, *ru*, etc.

PREMIÈRE LECTURE.

a-mi,	ami.	fa-ri-ne,	farine.
é-mi-lié,	émilie,	fé-lo-nie,	félonie.
i-do-le,	idole.	fi-lé,	filé.
o-bo-le,	obole.	je fî-le,	je file.
u-ni,	uni.	fo-ré,	foré.
bâ-le,	bâle.	fu-mée,	fumée.
bé-ni,	béni.	ja-va,	java.
bi-è-re,	bière.	jo-li,	joli.
la bo-ne,	la bone.	ju-ju-be,	jujube.
da-da,	dada.	ka-li-fe,	kalife.
da-me,	dame.	la-di,	ladi.
de-mi,	demi.	li-re,	lire.
le dé,	le dé.	lo-bu-le,	lobule.
di-né,	diné.	du lo-lo,	du lolo.
dî-me,	dîme.	la lu-ne,	la lune.
do-do,	dodo.	ma-la-de,	malade.
du-o-di,	duodi.	mâ-le,	mâle.
dô-me,	dôme.	la mè-re,	la mère.
du-re,	dure.	a-bi-mé,	abimé.

SUITE DE LA I.re LECTURE.

mê-me,	même.	pi-quu-re,	piquure.
mi-ne,	mine.	ra-ve,	rave.
mo-mie,	momie.	ra-mée,	ramée.
mu-le,	mule.	re-le-vé,	relevé.
mû-re,	mûre.	rê-ve,	rêve.
na-ni-ne,	nanine.	re-mè-de,	remède.
no-no-di,	nonodi.	ri-mé,	rimé.
nu-bi-le,	nubile.	ro-be,	robe.
nue,	nue.	la rue,	la rue.
le pa-pa,	le papa.	ro-me,	rome.
le pa-vé,	le pavé.	ru-de,	rude.
le pè-re,	le père.	va-li-de,	valide.
l'é-pée,	l'épée.	ve-lu,	velu.
pi-qué,	piqué.	vi-le,	vile.
po-li,	poli.	vo-lé,	volé.
pô-le,	pôle.	vue,	vue.
pu-re,	pure.	zo-ne,	zone.
qua-li-fi-é,	qualifié.	zé-lé,	zélé.
qui-no-la,	quinola.	zo-zi-me,	zozime.

CINQUIÈME LEÇON.

SYLLABES CONSONANTES.

ab	eb	ib	ob	ub
ad	ed	id	od	ud
af	ef	if	of	uf
al	el	il	ol	ul
ap	ep	ip	op	up
aq	eq	iq	oq	uq
ar	er	ir	or	ur
az	ez	iz	oz	uz

CINQUIÈME LEÇON.

SYLLABES CONSONANTES (1).

QUAND l'enfant se sera familiarisé avec les syllabes et les mots de la leçon précédente, on lui apprendra celles-ci de la même manière, en appliquant au tableau ci-contre les réflexions et les observations que j'ai faites sur celui des syllabes simples. Voyez à ce sujet les pages 19 et 20.

On lui fera prononcer ces syllabes —*abe*, *èbe*, *ibe*, etc. comme si elles étaient suivies d'un *é* muet.

EXCEPTIONS.

1.º Quand la syllabe consonante *er* termine un mot, elle se prononce tantot *èr*, tantot *é*, mais plus souvent *é*. On voit des exemples de la prononciation *èr*, dans les mots *hier, amer, fer,*

(1) C'est à dire terminées par une consone.

C

SECONDE LECTURE.

ab-di-qué,	abdiqué.
ar-mé,	armé.
or-né,	orné.
ra-me-ner,	ramener.
ju-rer,	jurer.
per-du,	perdu.
af-fi-dé,	affidé.
ef-fé-mi-né,	efféminé.
nef,	nef.
bif-fé,	biffé.
lar-dé,	lardé.
al-ka-li,	alkali.
ri-val,	rival.
pel-le,	pelle.
bel-le,	belle.
du fer,	du fer.
du fil,	du fil.
le nez,	le nez.
il-lu-mi-né,	illuminé.
fol-le,	folle.
mol-le,	molle.

hiver, etc. (2). L'usage seul peut apprendre ces différences.

Quand elle termine l'infinitif d'un verbe, comme *aimer, adorer,* etc. on la prononce *èr,* si le mot suivant commence par une voyèle ou un *h* muet : on la prononce *é,* s'il commence par une consone ou un *h* aspiré, ou si le verbe termine une phrase ou une partie de phrase. Ainsi :

On écrit... *aimer un Dieu; —aimer Dieu.*
On prononce *aimèr un Dieu; —aimé Dieu.*

2.º *ez* se prononce toujours *é,* et ne se trouve guère qu'à la fin des mots.

Observations sur la seconde Lecture.

Les mots qui composent la lecture ci-contre, sont formés des syllabes simples et consonantes que connaît l'enfant; mais il est important de lui expliquer la nature et la formation des

---

(2) Ne serait-il pas aussi facile que raisonable de mettre un *è,* dans les syllabes où *er* se prononce ainsi ? *hivèr, hièr,* etc. Alors, plus de doute; mais l'usage ne le permet point encore.

SUITE DE LA 2.ᵉ LECTURE.

ap-pel,	appel.
a-lep,	alep.
pip-pé,	pippé.
jop-pé,	joppé.
dur,	dur.
mar-me-la-de,	marmelade.
per-ru-que,	perruque.
bar-re,	barre.
or-du-re,	ordure.
mar-di,	mardi.
a-ni-mal,	animal.
mi-né-ral,	minéral.
al-li-er,	allier.
al-vé-o-le,	alvéole.
lar-ve,	larve.
bor-du-re,	bordure.
ver-re,	verre.
dor-mir,	dormir.
a-mer,	amer.
ur-ne,	urne.
mur-mu-re,	murmure.

syllabes composées *bif*, *val*, *mar*, etc.
qu'il y rencontrera.

Pour le mettre au fait, on lui lira
d'abord tous les mots, et on lui expliquera ensuite, que, comme le son *a*
joint au son *m*, produit le son *ma*
(4.ᵉ Leçon), de même le son *ar* joint
au son *m*, produit le son *mar;* le son
al joint au son *v*, produit le son *val*, etc.
Cette analogie, aussi simple dans les
idées que dans les effets, le frappera
bien plus que tout autre raisonement.

Si vous voyez qu'il hésite à prononcer
hardiment quelqu'une de ces syllabes
composées, vous la lui diviserez en deux
parties, l'une formée par la première
consone seule, et l'autre par la syllabe
consonante, composée d'une voyèle et
d'une consone ; mais il faut bien se
garder de lui diviser la syllabe en autant de parties qu'elle renferme de lettres. Ainsi vous lui diviserez, s'il le
faut, *fol, bel, mar,* etc. de la sorte :
f, ol, fol; b, el, bel; m, ar, mar, etc.
mais ne lui faites pas dire *f, o, l, fol,* etc.

Voyez au surplus, sur ce sujet, mon
instruction préliminaire, art. 5. page 4.

SIXIÈME LEÇON.

CONSONES A DOUBLE SON.

c   Ç

g   s

t   x

SIXIÈME LEÇON.

CONSONES A DOUBLE SON.

Consones....c...ç...g....s....t.....x.

Leur nom .... ke ,..se...gne .... se .... te ,.... kse.

Leur valeur .... que ou se . se . gue ou je -se ou zè . te ou ce . kse ou gze.

1.º *Du* c.

L'on fera nomer cette lettre *ke*, parce que c'est le son qu'elle a le plus ordinairement.

On apprendra à l'élève qu'elle doit
se prononcer *ce* ou *se*, quand elle est
placée avant un *é* ou un *i*, ainsi que
quand elle est affectée d'une *cédille*,
de la sorte *ç*. Par-tout ailleurs, elle se
prononce *ke*, et elle a le même son que
les lettres *k* ou *qu*.

A cette instruction, on ajoutera beaucoup d'exemples, que l'on tirera, le
plus qu'il sera possible, des objets les
plus familiers aux enfants; comme *cire*,
coquille, *cabinet*, *leçon*, *coq*, etc.

SYLLABES SIMPLES.

ca	ʺ	ʺ	ʺ	ʺ	co	cu
ça	ce	cé	cè	ci	ço	çu
ga	gue	gué	guè	gui	go	gu
gea	ge	gé	gè	gi	geo	geu
sa	se	sé	sè	si	so	su
asa	ase	asé	osè	isi	éso	osu
ta	te	té	tè	ti	to	tu
tia	tie	tié	tiè	ʺ	tio	tiu
xa	xe	xé	xè	xi	xo	xu
exa	exe	exé	exè	exi	exo	exu

Faites prononcer les syllabes simples comprises dans les deux premières lignes du tableau ci-contre, de la sorte:

ke	ca... // ... // ... // ... // ...co...cu
	ka ko ku

se	ça...ce...cé...cè...ci...ço...cu
	sa se sé sè si so su

Ayez soin de ne jamais laisser con-tracter à l'enfant une prononciation vicieuse de ces syllabes.

2.º *Du* g.

Le *g* a beaucoup d'analogie, à cet égard, avec le *c*. Vous lui ferez nomer *gue*, parce que c'est le son que cette lettre a le plus souvent.

Vous lui direz, que, de même que le *c*, il s'adoucit devant les deux mêmes voyèles *é, i,* et se prononce *je*; mais que par-tout ailleurs il se prononce *gue*.

Vous lui observerez aussi que quand on veut lui doner le son *gue* devant les voyèles *é, i,* on est obligé d'insérer un

u entre le *g* et la voyèle, pour former
les syllabes *gué, gui*; et que si l'on veut
lui donner le son *je* devant les voyèles
a, o, u, on insère un *é* muet entre le
g et la voyèle, pour en former les syllabes *gea, geo, geu*, que l'on prononce
ja, jo, ju.

Faites prononcer les syllabes simples
comprises dans les 3.e et 4.e lignes du
tableau de la page 32, de la sorte :

gue	ga...gue...gué..guè..gui....go...gu
je	gea...ge....gé....gè....gi....geo..geu
	ja je jé jè ji jo ju

3.º *Du* s.

Cette lettre doit se prononcer *se*;
mais on observera à l'enfant que toutes les fois qu'elle se trouve entre deux
voyèles, sa prononciation s'adoucit, et
qu'elle se prononce *ze*, précisément
comme la consone *z*.

L'enfant doit pouvoir distinguer les
voyèles des consones; au surplus, on lui
apprendra que les voyèles sont les lettres

comprises dans les deux pages 8 et 10.

Cette consone a aussi le même son *ze*, lorsqu'à la fin d'un mot elle forme liaison avec le mot suivant commençant par une voyèle. (C'est ce qu'on verra dans la 16.e Leçon).

Faites prononcer les syllabes simples comprises dans les 5.e et 6.e lignes du tableau de la page 32, de la sorte :

se	sa....se....sé....sè.... si.... so....su
ze	asa..ase..asé...osè...isi...éso.., osu
	aza aze azé ozè izi ézo ozu

4.° *Du* t.

L'articulation du *t*, que l'on fera prononcer *te*, varie moins que celle des consones précédentes.

Celle-ci doit presque toujours se prononcer *te* : mais quand elle précède un *i* suivi d'une autre voyèle, alors le *t* prend souvent le son du *c* placé devant l'*i*, qui se prononce comme *se* ; ainsi on prononce *partiel*, *nation*, etc. comme s'il y avait *parciel*, *nacion*, etc.

Faites prononcer les syllabes simples comprises dans les 7.ᵉ et 8.ᵉ lignes du tableau de la page 32, de la sorte :

te	ta .... te .... té.... tè....ti ...to ....tu
ce	tia... tie...tié... tiè... *ll* ...tio...tiu
	cia　　cie　　cié　　ciè　　　　cio　　ciu

5.° *Du* x.

Le son naturel de cette consone, et celui qui sert à la désigner, est *kse*; c'est celui que l'on remarque dans la seconde syllabe du mot *a-xe*.

Mais quand elle se trouve la seconde lettre d'un mot, dont la première est un *é* muet, son articulation s'adoucit de manière que le *k* se change en *g*, et le *s* en *z*; en effet on la prononce alors *gze*, comme dans *exercice*.

Il sera bon de faire remarquer à l'enfant, pendant la 3.ᵉ Lecture ci-après, que cette lettre semble participer des deux syllabes entre lesquelles elle se trouve, de sorte que dans le premier cas, on la prononce *k-se*, et

dans

dans le second *g-ze*. Ainsi *axe*, *exil*,
se prononcent à-peu-près comme s'il y
avait *ak-se*, *eg-zil*.

Faites prononcer les syllabes simples
comprises dans les deux dernières lignes du tableau de la page 32, de la sorte:

kse	xa.... xe... xé... xè... xi... xo... xu
gze	exa.. exe.. exé.. exè.. exi.. exo.. exu
	egza .egze egzé .egzè egzi egzo egzu

SYLLABES CONSONANTES.

ac	ec	ic	oc	uc
ag	eg	ig	og	ug
as	es	is	os	us
at	et	it	ot	ut
ax	ex	ix	ox	ux

Faites prononcer les syllabes consonantes, comprises dans le tableau de
la page 38 ci-contre, de la sorte :

1.º ak .... ek .... ik .... ok ....uk.
2.º ague (1) ègue ... igue ... ogue ... ugue.
3.º asse (2) esse .... isse .... osse .... usse.
4.º ate ..... ète ...... ite ..... ote ..... ute.
5.º akse ....ekse .... ikse ... okse ....ukse.

EXCEPTIONS

à la sixième Leçon.

Du c.

Quelquefois le *c* qui commence une
syllabe, se prononce *gue*. C'est sur-tout
dans les mots *Claude, second, secret,*
et leurs dérivés ; on les prononce assez

(1) Dans cette ligne et les suivantes ne faites
pas sentir l'*é muet*.

(2) A la fin des mots, les consones *s, t, x* ne
se prononcent presque jamais.

D 2

communément *Glaude*, *segond*, etc.

Du g.

Le son propre de la syllabe *gue* est
celui que l'on remarque dans la seconde
syllabe du mot *figue* : mais il arrive que
cette syllabe est écrite *guë*; c'est pour
avertir qu'on doit y prononcer l'*u*, et
point du tout l'*ë* ; comme dans *ciguë*,
ambiguë, que l'on prononce *si-gu*,
ambi-gu (3).

On peut faire pareille observation
pour la syllabe *gui*, dont le son propre
est celui que l'on remarque dans le mot
*gui*de, mais qu'on prononce quelquefois
guï, en faisant sentir l'*u* séparément
de l'*i*, comme dans *ambiguité*, *Guise*
ville, *aiguiser*, *aiguille*, etc.

---

(3) Il paraîtrait plus naturel d'écrire *cigüe*,
ambigüe, etc. puisque le tréma servant à indiquer la nécessité de prononcer une voyèle séparément de celle à laquelle elle est jointe, il semble
peu convenable d'en affecter précisément celle
qui ne se prononce point.

Du s.

Malgré la règle générale qui veut que *s* entre deux voyèles se prononce *ze*, et par-tout ailleurs *se*, cependant ;

s se prononce *ze*, quoiqu'il ne soit pas entre deux voyèles,	*s* se prononce *se*, quoique étant entre deux voyè- les,

dans les mots ci-après :

Alsace.	désuétude,
balsamique.	parasol.
transiger,	monosyllabe.
transaction,	préséance.
et presque tous les	vraisemblance,
mots commen-	vraisemblable, etc.
çant par *transi*.	

Du t.

Première exception. Pour détermi-

D 3

ner les cas où l'on doit prononcer *ti* par *ci* et non par *ti*, on peut remarquer qu'en général, ces deux lettres, suivies d'une voyèle, se prononcent comme *ci* ;

1.º Dans les noms et adjectifs terminés en *tion*, *tien*, *tial*, *tiel*, *tieux*, et leurs dérivés, pourvu que cette syllabe ne soit pas précédée d'un *x* ou d'un *s* ; comme dans *action*, *Égyptien*, *partial*, *partiel*, *ambitieux*.

2.º Quand elles sont précédées d'une autre voyèle, comme dans *nation*, *patience*, etc.

Elles se prononcent généralement *ti* ;

1.º Au commencement des mots, comme *le tien*, *le tiers*, etc.

2.º Quand elles sont précédées d'un *x* ou d'un *s* ; comme dans *mixtion*, *bastion*, etc.

Deuxième exception. Les lettres *et* formant un mot, quelquefois ainsi figuré *&*, se prononcent *é*.

Troisième exception. Quand la syllabe consonante *et* termine un mot, elle se prononce presque toujours *èt*, comme dans *objet*, *sujet*, etc.

Du x.

Cette lettre se prononce quelquefois *ss* : comme dans *soixante*, *Bruxelles*, *Auxerre*, *Auxone*, etc. qu'on prononce *soissante*, *Brusselle*, etc.

Quelquefois elle se prononce *z* : comme dans *sixain*, *dixième*, *sixième*, etc. Prononcez *sizain*, *dizième*, etc.

Quand elle est suivie d'un *c*, elle équivaut à un second *c*. *Excès*, *excepter* se prononcent *ec-cès*, *ec-cepter*.

Souvent le *x* final ne se prononce point du tout, comme dans *prix*, *chevaux*, *crucifix*, etc. Quelquefois, il s'y prononce très fortement, comme dans *onix*, *phénix*, *Félix*, et plusieurs autres. En général, c'est à la fin des mots les plus usités qu'il ne se prononce point. Voilà tout ce qu'on peut dire à ce sujet : c'est à l'usage à apprendre le reste.

TROISIÈME LECTURE.

Pour le c.

ca-ba-ne,	cabane.
dé-ca-di,	décadi.
co-car-de,	cocarde.
ca-fé,	café.
cu-lo-te,	culote.
fa-ça-de,	façade.
cé-ci-le,	cécile.
cé-dé,	cédé.
ci-re,	cire.
fa-ço-né,	façoné.
re-çu,	reçu.
sac,	sac.
mic-mac,	micmac.
rec-ti-fi-é,	rectifié.
sec,	sec.
a-vec,	avec.
coq,	coq.

SUITE DE LA TROISIÈME LECTURE.

oc-ti-di,	octidi.
roc,	roc.
duc-ti-le,	ductile.

Pour le g.

ga-let-te,	galette.
guè-re,	guère.
vé-gé-tal,	végétal.
fi-gue,	figue.
gué-ri-te,	guérite.
gui-dé,	guidé.
go-bé,	gobé.
ré-gu-le,	régule.
il ga-gea,	il gagea.
ber-ge,	berge.
gé-né-ral,	général.
gê-ne,	gêne.
gi-go-ter,	gigoter.
geo-le,	geole.

SUITE DE LA TROISIÈME LECTURE.

ger-mi-nal, germinal.
ga-geu-re, gageure.
reg-ni-co-le, regnicole.
ig-née, ignée.
dog-me, dogme.

Pour le s.

sa-ges-se, sagesse.
sa-me-di, samedi.
sé-sa-me, sésame. [4]
si-nu-o-si-té, sinuosité.
so-ti-se, sotise.
su-set-te, susette.
bas-se, basse. [5]
ba-se, base.

(4) On voit dans ce mot et les trois suivants un exemple du double son du *s*.

(5) On a réuni, dans les deux dernières lignes de cette page et dans plusieurs autres de la suivante,

SUITE DE LA TROISIÈME LECTURE.

a-sie,	asie.
des-sert,	dessert.
dé-sert,	désert.
dis-sé-mi-né,	disséminé.
di-set-te,	disette.
ros-se,	rosse.
ro-se,	rose.
bus-te,	buste.
bu-se,	buse.
ni-vô-se,	nivôse.
mes-si-dor,	messidor.
ré-so-lu,	résolu.
u-su-re,	usure.
ru-sé,	rusé.

des exemples rapprochés du double son de la lettre *s*, comme *basse* avec *base*, *rosse* avec *rose*, *dessert* avec *désert*, pour en faire mieux sentir la différence.

SUITE DE LA TROISIÈME LECTURE.

Pour le t.

tâ-ter,	tâter.
i-ta-lie,	italie.
tê-te,	tête.
é-té,	été.
ti-so-ner,	tisoner.
ti-mi-di-té,	timidité.
to-ta-li-té,	totalité.
sep-ti-di,	septidi.
tu-bé-ro-si-té,	tubérosité.
at-ti-ré,	attiré.
ob-jet,	objet.
ser-vi-et-te,	serviette.
pit-to-res-que,	pittoresque.
bot-té,	botté.
but-te,	butte.
par-ti-al,	partial.
par-ti-el,	partiel.

SUITE

SUITE DE LA TROISIÈME LECTURE.

ra-tio-nel,	rationel.
na-tio-nal,	national.

Pour le x.

a-na-xa-go-re,	anaxagore.
a-xe,	axe.
pa-ra-do-xe,	paradoxe.
fi-xé,	fixé.
ma-xi-me,	maxime.
na-xo,	naxo.
exa-mi-né,	examiné.
exé-cu-té,	exécuté.
exi-lé,	exilé.
exo-ti-que,	exotique.
a-rax,	arax.
sex-ti-di,	sextidi.
mix-te,	mixte.

E

DES LETTRES H ET Y.

h

ch ph

y

SEPTIÈME LEÇON.

DES LETTRES H ET Y.

LETTRES.		NOM.	VALEUR.	EXEMPLES.
h { jointe aux consones {	ch	che	ch	charité. — cheval.
c, p {	ph	fe	f	philosophe.
{ partout ailleurs {	h	he	(nulle)	habile. — honteux.
y		ye ou i-ie	i ou i-i	lydée. — citoyen.

1.º De la consone h.

La lettre *h* ne se prononce jamais (1); c'est un caractère qui ne sert qu'à do-

_____

(1) Il est fort inutile de brouiller les idées des enfants en leur disant qu'il y a un *h* aspiré et un *h* non aspiré; car il est impossible de leur doner encore des règles sûres pour faire cette distinction, et alors sur quels principes l'appuierait-on? elle ne servirait qu'à troubler l'analogie de leurs idées et des impressions qu'ils ont dû jusqu'alors éprouver. Il faut attendre, pour cet objet, que l'enfant apprène la Grammaire et l'Orthographe. (Voyez la note (1) de la 16.e Leçon).

SYLLABES.

ha	he	hé	hè	hi	ho	hu
ah	eh	"	"	"	oh	"
cha	che	ché	chè	chi	cho	chu
ach	ech	"	"	ich	och	uch
pha	phe	phé	phè	phi	pho	phu
ya	ye	yé	yè	yi	yo	yu

ner, en certaines occasions, une aspiration plus forte à la voyèle qu'il précède. Cependant, comme il faut lui
affecter une dénomination, ne fût-ce
que pour le désigner verbalement, on
peut le prononcer *he*; et c'est, je crois,
la manière la plus simple.

On ne saurait trop répéter aux enfants que cette lettre ne se prononce jamais, et, par conséquent, qu'il ne faut
y avoir aucun égard, quand on la rencontre dans la lecture. Mais il faut leur
apprendre que quand elle est précédée
des consones *p* ou *c*, elle leur done un
son particulier, tel que *ph* se prononce
précisément comme la seule consone *f*,
et que *ch* se prononce d'une manière
qui n'est commune à aucune autre consone, et qui est précisément le son que
présente la première syllabe du mot
che-val. C'est ainsi qu'il faut faire prononcer aux enfants ce double caractère,
toutes les fois qu'ils le rencontreront
dans la lecture, et ne jamais leur faire
dire *c*, *h*, *a*, *cha*; mais *che*, *a*, *cha*;
phe, *a*, *pha*; etc.

Ainsi vous ferez prononcer les cinq

E 3

premières lignes des syllabes de la
page 52, de la sorte :

â.......e.......é.......è.......i.......ô.......u
â.......é.......ll.......ll.......ll.......ô.......ll
cha...che...ché...chè...chi...cho...chu
ac......ec.......ll.......ll.......ic......oc......uc
fa......fe......fé......fè......fi......fo......fu

2.º *De la voyèle y.*

Cette lettre doit se prononcer *ye* ou
i-ie; car son office principal est de produire le son de deux *i*, dont le premier
appartient à une syllabe, et le second à
la suivante. Ainsi, faites prononcer la
dernière ligne des syllabes de la page 52,
de la sorte :

i-ia...i-ie...i-ié...i-iè...i-iie...i-io...i-iu.

Il arrive aussi fort souvent que l'*y* ne
sert que d'un seul *i*, et l'enfant pourait se trouver embarrassé pour discer-
ner ces cas différents. Voici des règles
sûres à ce sujet, qu'il faut lui apprendre

en lui montrant en même temps plusieurs exemples.

La lettre *y* se prononce :

comme un *i* seul,	comme deux *i* (*i-i*),
1.º Entre deux conso-nes (*type*).	1.º Entre deux voyè-les (*citoyen*).
2.º Après une consone et devant une voyèle (*cy-athe*).	2.º Après une voyèle et devant une con-sone (*pays*).
3.º Si elle commence ou finit un mot.	
4.º Lorsqu'elle forme seule un mot.	

EXCEPTIONS (2).

*Sur l'*h.

Quoique cette lettre ne se prononce

_____

(2) Il faut se rappeler que ces exceptions ne

jamais, cependant il faut observer, que lorsqu'on la rencontre au milieu d'un mot, entre deux voyèles, elle sert à les diviser de manière qu'elles ne forment point diphthongue. . Par exemple : pour lire le mot *ahurir*, il ne faut pas supprimer l'*h*, et lire *aurir*, qu'il faudrait prononcer *órir* ; mais diviser le mot en trois syllabes, selon les règles de la 15.e Leçon, en disant *a-hu rir*, que l'on doit prononcer *a-u-rir*.

Sur le ch.

Lorsque *ch* est suivi des consones *l, r, t*, l'*h* n'a plus d'effet, et le *c* reprend son articulation forte, *ke*. On verra des exemples des deux premiers cas, *chl, chr*, dans la 11.e Leçon. Ceux de *cht* sont très rares. On le remarque dans le mot *autochthone*, que l'on prononce *otoktone*.

Quelquefois, la même chose arrive

---

doivent être connues de l'enfant qu'à la seconde lecture. (Voyez ci-devant, page 7.)

devant d'autres lettres, où, malgré l'apparence de l'orthographe, *ch* doit se prononcer *k*. On en voit des exemples dans ceux qui suivent:

ÉCRIVEZ	PRONONCEZ
écho,	éko.
chaos,	kao.
chélidoine,	kélidoine.
chiromance,	kiromance.
choriste,	koriste.
chus,	kus.
chylôse,	kylôse.
chorégraphie,	korégraphie.
archange,	arkange.
eucharistie,	eukaristie.
chersonèse,	kersonèse.
chiste,	kiste.
chœur,	keur.
catéchumène,	katékumène.
chorus, etc.	korus, etc.

QUATRIÈME LECTURE (3).

Pour l'h seul.

Lisez.	Écrivez.	Prononcez.
ha-bi-le,	habile,	abile.
her-be,	herbe,	erbe.
hé-ri-tage,	héritage,	éritaje.
hè-re,	hère,	ère.
hi-ver,	hiver,	ivèr.
hô-pi-tal,	hôpital,	ôpital.
hu-mi-de,	humide,	umide.
ah!	ah!	â!
eh!	eh!	é!
oh!	oh!	ô!
rhé-to-ri-que,	rhétorique,	rétorique.
rhi-no-cé-ros,	rhinocéros,	rinocéros.
rho-do-mel,	rhodomel,	rodomel.
rhu-bar-be,	rhubarbe,	rubarbe.
rhyth-me,	rhythme,	ritme.
tha-lie,	thalie.	tali.

(3) Les enfants ne doivent lire que les deux premières colonnes. La dernière est pour guider l'Instituteur dans la prononciation des mots.

SUITE DES EXCEPTIONS.

Sur l'y.

Dans les noms propres, il arrive souvent que l'*y* tient la place de l'*i* tréma, quoiqu'il n'y soit point placé selon les règles de la 7.e Leçon, page 55. Comme dans *Bayone*, *Bayeux*, *Moyse*, *Cayenne*, etc. qu'il faut prononcer *Baïone*, *Baïeux*, *Moïse*, *Caïenne*, etc.

Observation sur la Lecture ci-contre.

Le mot *rhyth-me*, dont la première syllabe pourait peut-être embarrasser l'enfant, ne lui paraîtra plus difficile, aussitôt qu'on lui aura rappelé 1.o que les deux *h* ne se prononcent pas; reste *ryt-me*; 2.o que l'*y* ne vaut qu'un seul *i*, parce qu'il est entre deux consones; reste à lire *rit-me*.

Il en est de même du mot *thyrse*.

SUITE DE LA QUATRIÈME LECTURE.

Lisez.	Écrivez.	Prononcez.
thé,	thé,	té.
thê-me,	thême,	têmè.
thie,	thie,	ti.
tho-rax,	thorax,	torax.
thyr-se,	thyrse,	tirse.

Pour le ch.

cha-ri-té,	charité.	
che-val,	cheval.	
che-mi-se,	chemise.	
ché-tif,	chétif.	
chè-re,	chère.	
chê-ne,	chêne.	
chi-che,	chiche.	
cho-co-lat,	chocolat.	
chu-cho-ter,	chuchoter.	
chy-le,	chyle,	chile.
roch,	roch,	rok.
ba-ruch,	baruch,	baruk.

Pour le ph.

pha-re,	phare,	fare.

SUITE.

SUITE DE LA QUATRIÈME LECTURE.

Lisez.	Écrivez.	Prononcez.
phé-nix,	phénix,	fénics.
phi-lo-so-phe,	philosophe,	filozofe.
phos-pho-re,	phosphore,	fosfore.
phthi-sie,	phthisie,	ftizie.
phy-si-que,	physique,	fizike.

Pour l'y.

cy-ti-se,	cytise,	sitize.
hy-po-thè-se,	hypothèse,	ipotèse.
myr-te,	myrte,	mirte.
ty-pe,	type,	tipe.
sy-zy-gie,	syzygie,	sizijie.
my-o-pe,	myope,	miope.
hy-è-ne,	hyène,	iène.
y-ve-tot,	yvetot,	iveto.
pas-sy,	passy,	paci.
il y est,	il y est,	ilièt.
il y va,	il y va,	iliva.

Nota. Les exemples de l'y employé pour deux *i* (*i-i*) ne peuvent être produits que dans des mots où il entre des diphthongues. On en trouvera dans la 5.e Lecture ci-après.

F

HUITIÈME LEÇON.

RÉUNION DES 25 LETTRES DE L'ALPHABET.

a	b	c	d	é	f	g
h	i	j	k	l	m	n
o	p	qu	r	s	t	u
v	x	y	z			

---

m	qu	z	u	a	é	h
i	b	f	j	n	r	v
c	g	k	o	s	x	l
d	y	t	p			

HUITIÈME LEÇON.

***

RÉUNION DES 25 LETTRES DE L'ALPHABET.

Au moyen des sept Leçons précédentes, l'enfant doit connaître les vingt-cinq lettres de l'alphabet. Il est à propos de les lui montrer et de les lui faire nomer dans l'ordre où on les place ordinairement, et c'est là le seul but de cette Leçon.

Je les ai disposées aussi dans un ordre inverse et mêlé, afin qu'on puisse voir, à la seule inspection, s'il connaît bien chaque caractère séparé de ceux qui l'accompagnent dans la série alphabétique.

F 2

1.º Lettres majuscules ou capitales du caractère romain.

Différentes des minuscules.
$$\begin{cases} A \; B \; D \; É \; F \; G \; H \\ I \; J \; K \; L \; M \; N \; QU \\ R \; T \; U \end{cases}$$

Semblables aux minuscules, mais plus grandes.
$$\begin{cases} C \; O \; P \; S \; V \; X \\ Y \; Z \end{cases}$$

2.º Caractère italique.

Minuscules.
$$\begin{cases} a \; b \; c \; d \; é \; f \; g \; h \\ i \; j \; k \; l \; m \; n \; o \; p \; qu \\ r \; s \; t \; u \; v \; x \; y \; z \end{cases}$$

Majuscules ou capitales.
$$\begin{cases} A \; B \; C \; D \; É \; F \; G \\ H \; I \; J \; K \; L \; M \; N \\ O \; P \; QU \; R \; S \; T \\ U \; V \; X \; Y \; Z \end{cases}$$

NEUVIÈME LEÇON.

Jusqu'à présent l'enfant ne doit connaître que les lettres minuscules du caractère que l'on nome *romain*, puisque ce caractère est exclusivement employé pour tout ce qu'on lui a fait lire, dans les Leçons précédentes. Ces lettres étant les plus communes, les plus usitées, il en fallait d'abord meubler sa mémoire. Mais il importe aussi qu'il connaisse de bonne heure les *majuscules* ou *capitales*, ainsi que le caractère *italique* ou *penché*.

On lui montrera ces capitales, et on lui fera remarquer que les lettres C, O, P, S, V, X, Y, Z, sont semblables aux *minuscules* ou petites lettres. Les autres, que j'ai eu soin de séparer, en diffèrent plus ou moins.

Quant au caractère italique, il n'y a guère que la lettre *a* qui soit formée différemment que celle du caractère romain (a). Les autres ne présentent presque pas d'autre différence que la pente qu'elles ont.

F 3

DIXIÈME LEÇON.

DES DIPHTHONGUES ET DU TRÉMA.

Diphthongues.

ai	ei	au	
eu	œu	ou	
ia	ie	iè	iai
ié	ier	iez	ied
io	iau	ieu	
uè	uai	ui	
oa	oua	oui	
oi	oë	ouet	

Lettres tréma.

ë   ï   ü

DIXIÈME LEÇON.

DES DIPHTHONGUES ET DU TRÉMA.

1.º *Diphthongues simples.*

ai, ei, au, eu, œu(1), ou.
è   è   ô   eu   eu   ou

2.º *Diphthongues à double son.*

ia, ie, iè, iai, ié, ier, iez, ied,
ia   ie   iè   iè   ié   ié   ié   ié

io, iau, ieu, uè, uai, ui, oa, oua,
io   iô   ieu   uè   uè   ui   oua   oua

oui, oï, oë, ouet.
oui   oè   oè   oè

On fera prononcer à l'enfant les diphthongues ci-dessus (2) conformé-

---

(1) Le caractère œ est nouveau pour l'enfant. On le lui fera remarquer, et on lui dira qu'il se prononce avec la voyèle *u* (œ*u*) comme *eu*.

(2) Une diphthongue est un double son exprimé dans une seule syllabe. Aussi, les diph-

ment au son indiqué au-dessous de chacune. Que l'on ne se lasse point de lui
répéter, lorsqu'il trouvera une syllabe
qui renferme une diphthongue, que
le son qu'elle forme est un son unique
qui demande le concours des deux ou
trois voyèles qui la composent : en sorte
qu'il faut bien se garder de prononcer
séparément chaque voyèle de la diphthongue; mais il faut lui faire prononc-
cer toutes ces voyèles en un seul temps,
et l'habituer à ne voir dans les deux
voyèles *au* réunies, que le son *ó* ; dans
ai, que le son *è*; dans *ui*, que le son

---

thongues simples *ai, ou,* etc. ne sont proprement
que des diphthongues *oculaires*, parce qu'elles
présentent en effet à l'œil plusieurs voyèles dans
une même syllabe; mais elles ne sont point *auriculaires*, parce que leur articulation est simple, et ne fait parvenir à l'oreille qu'un son
unique. Les diphthongues auriculaires sont celles
qui renferment deux sons distincts dans la même
syllabe, tels que *ia, iè,* etc.; elles sont distin-
guées des premières, en tête de cette Leçon; et
il est bon de dire qu'à proprement parler ce sont
les dernières qui sont de véritables diphthongues.

ui, et non *u-i*, etc. Ainsi, en lisant le mot *oi-seau*, il faut le décomposer, en disant d'abord en un seul son ... *oi* (*oè*), puis ... *seau* (*zô*); en divisant, s'il le faut, la syllabe *seau*, en deux sons *se* (*ze*), *au* (*ô*), que l'on réunit ensuite promptement; car il ne faut pas (comme je l'ai déja dit) habituer l'enfant à décomposer chaque syllabe, mais seulement à diviser un mot par syllabes (3).

Du Tréma.

Lorsque deux voyèles consécutives qui peuvent former une diphthongue, doivent se prononcer séparément, on met sur la dernière de ces voyèles, un signe composé de deux points (¨) que

(3) Si l'on croit trouver assez de dispositions de la part de l'élève, on peut, dès-à-présent, lui doner une idée générale de la décomposition des mots en syllabes, d'après les règles de la 15.ᵉ Leçon ci-après. Cela aidera beaucóup l'Instituteur et l'enfant.

l'on appèle un *Tréma* ; de la sorte...
ë, ï, ü (4).

Ainsi, quand on voit un tréma sur
une voyèle, c'est un signe certain qu'il
faut la prononcer séparément de celle
qui précède, et ne point former de
diphthongue.

Il faut apprendre cette remarque en
même temps que la leçon sur les diphthongues. C'est pour cela que j'ai réuni
dans la 5.ᵉ Lecture ci-après, des mots
qui présentent les exemples des mêmes
voyèles employées avec le tréma, et en
diphthongue. J'ai même rapproché ceux
qui font plus particuliérement sentir
cette différence, tels que *Saül, saule* ;
haïr, haire ; etc.

EXCEPTIONS

à la 10.ᵉ *Leçon.*

1. La diphthongue simple *ai* se pro-

_____

(4) Le *tréma* ne se met point sur les voyèles
a, o, y.

nonce presque toujours comme *è*; mais quand elle termine la première persone du singulier de différents temps, dans les verbes, on la prononce *é*. Ainsi :

On écrit : On prononce :

j'aimai, j'aimerai, j'èmé, j'èmeré, j'ai, j'aurai, j'é, j'oré.

Mais cet effet cesse d'avoir lieu, si elle est suivie d'un *s*. Ainsi :

On écrit : On prononce :

j'aimais, j'aimerais, j'èmè, j'èmerè, j'aurais, je ferais, j'orè, je ferè.

La même diphthongue *ai* produit aussi quelquefois le son très-sourd de l'*e* muet. C'est principalement dans différents temps du verbe *faire*.

On écrit : On prononce :

je faisais, vous faisiez, je feʒè, vous feʒié,(5) *nous faisons, ils faisaient, nous feʒons, ils feʒè,* etc.

2. La diphthongue *ei* ne se prononce guère *è* que devant une syllabe

---

(5) Voltaire écrit ces mots par *fe*. Cependant, on doit avouer que l'étymologie (*facere*) y demande la lettre *a*.

féminine (6); ailleurs, elle se prononce plus volontiers *é*.

On écrit :   On prononce :

Syllabes féminines. *peigne, veine, pègne, vène.*

Syllabes masculines. *peigné, veiné, pégné, véné,* etc.

3. La diphthongue *eu* se prononce quelquefois comme la seule voyèle *u*. C'est principalement lorsqu'elle forme seule un mot, et qu'elle entre dans la composition du verbe *avoir*.

On écrit :   On prononce :

j'ai eu, j'eus, j'eusse,   j'é u, j'u, j'usse,
nous eûmes, vous eûtes,   nous ûmes, vous ûtes, etc.

4. La diphthongue *oi* se prononce quelquefois *oa*; comme dans les mots *bois, mois, pois, poix*, qu'on prononce presque comme *boa, moa*, etc. et bien différemment de *loi, moi, fois*, etc.

On se servait autrefois de la diph-

_____

(6) Voyez les notes 3 et 4 et la 3.ᵉ exception de la seconde Leçon, pages 14 et 15. On peut appliquer presque tout ce qui y est dit sur le son *é*, à ce qui concerne la diphthongue *ei*, pour lui doner le son *é* ou le son *è*.

thongue

thongue *oi* pour exprimer le son *è*;
ainsi, l'on écrivait : *j'aimois à paroître*
François, au lieu de *j'aimais à pa-*
raître Français. On trouve encore cette
orthographe dans plusieurs livres. Voltaire a le premier secoué le joug de cet
usage devenu presque ridicule; et en
écrivant ce son comme on le prononce,
il a diminué le nombre des exceptions
qu'il fallait faire aux différentes ma-
nières d'écrire les sons de la langue
française.

5. Dans les mots *août*, *aoriste*, *aoû-*
teron, *taon*, *Saône*, l'*a* et l'*o* forment
une diphthongue simple qui a le son de
l'*o* seul; c'est-à-dire que l'*a* ne s'y prononce nullement, et l'on prononce *oût*,
oriste, *oûteron*, *ton*, *Sône*.

Au contraire, dans les mots *Laon*,
Craon, *faon*, *paon*, et leurs dérivés,
où ces deux voyelles sont consécutives
dans le même ordre, c'est l'*a* seul que
l'on fait sentir; et l'on prononce *Lan*,
Cran, *fan*, *pan*.

G

CINQUIEME LECTURE.

Lisez.	Écrivez.	Prononcez.
* Hai-re,	Haire,	hère.
* Ha-ïr,	Haïr,	aïr.
Raie,	Raie,	rè.
Ai-mé,	Aimé,	èmé.
Rai-io-né,	Rayoné,	rèioné.
Ber-nay,	Bernay,	bernè.
* Pei-ne,	Peine,	pène.
* Né-ré-i-de,	Néréide,	néréide.
Fer-ney,	Ferney,	fernè.
* Sau-le,	Saule,	sole.
* Sa-ül,	Saül,	saül.
Beau-vais,	Beauvais,	bovè.
Tau-reau,	Taureau,	toro.
Au-teur,	Auteur,	oteur.
* Eu-ro-pe,	Eürope,	europe.
* Ré-u-ni,	Réuni,	réuni.
Feue,	Feue,	feu.
Vœu,	Vœu,	veu.
Œuf,	Œuf,	euf.
Heu-reu-se,	Heureuse,	eureuze.

OBSERVATIONS

Sur la cinquième Lecture (7).

Lorsque l'enfant rencontrera les diph-
tongues *ay*, *ey*, *uy*, *oy*, etc. rien ne
devra l'embarrasser, puisqu'il doit connaître la 7.ᵉ Leçon concernant l'*y*. Car,
ou l'*y* doit se prononcer comme un seul
i, et alors ces diphthongues sont pré-

---

(7) Dans cette Lecture et les suivantes, j'ai
employé des Lettres capitales et italiques, que
l'enfant doit connaître, afin de le familiariser
avec ces caractères. = Pour ce qui concerne la
3.ᵉ colonne, voyez la note de la page 58.

Les mots précédés d'une étoile *, offrent des
exemples de voyèles affectées du tréma, comparées
avec les mêmes voyèles employées comme diphthongue dans la première des deux lignes. En
les faisant lire à l'enfant, on lui fera remarquer
que les deux lettres qui forment diphthongue,
lorsque la dernière n'a pas de tréma, doivent,
dans le cas contraire, être prononcées séparément.

G 2

SUITE DE LA CINQUIÈME LECTURE.

Lisez.	Écrivez.	Prononcez.
* Nous,	Nous,	nou.
* Al-ci-no-üs,	Alcinoüs,	alsinoüs.
Mou-tar-de,	Moutarde,	moutarde.
Bou-le,	Boule,	boule.
Pai-ia,	Paya,	pèia.
Liard,	Liard,	liar.
Na-ïa-de,	Naïade,	naïade.
Pai-ie,	Paye,	pèie.
J'ai-ie,	J'aye,	jèie.
A-mi-tié,	Amitié,	amitié.
Noi-ié,	Noyé,	noèié.
Bé-lier,	Bélier,	bélié.
Vi-viez,	Viviez,	vivié.
Ai-iez,	Ayez,	ayé.
Pied,	Pied,	pié.
Lu-miè-re,	Lumière,	lumière.
Fiè-re,	Fière,	fière.
Biè-re,	Bière,	bière.
Biai-ser,	Biaiser,	bièzer.
Vio-ler,	Violer,	violer.

cisément celles-ci — *ai, ei, ui, oi*, etc.
ou l'*y* doit se prononcer comme *i-i*, et
dans ce cas, elles deviennent *ai-i, ei-i,
ui i, oi-i*, etc. comme elles sont divisées
dans la première colonne.

S'il rencontre un mot terminé par
une diphthongue, suivie d'un *e* muet,
cet *e* ne se prononçant point, n'altère
en rien le son de la diphthongue; ainsi
joie, plaie, se prononcent *joi, plai*, etc.

De même, s'il trouve une diphthongue précédée d'un *e* muet, comme *eai,
eau, eou*, etc. cela ne change rien à la
valeur de la diphthongue; on prononce
ai, au, ou, etc. puisque l'*e* muet ne
doit pas se faire sentir.

Il faudra lui faire observer aussi,
selon l'occasion, que les diphthongues
formées par un *e* suivi d'une autre
voyèle, sont *eu, ei*, et non pas *éu,
éi*, ni *èu, èi*; car, si l'*é* était accen-
tué, il y aurait deux sons à prononcer séparément; ce qui doit faire deux
syllabes : et alors il n'y aurait plus de
diphthongue.

Ainsi, en général, si l'élève se trouve
arrêté par *ay, ey*, etc. qu'on lui rappèle

SUITE DE LA CINQUIÈME LECTURE.

Lisez.	Écrivez.	Prononcez.
Noi-iau,	Noyau,	noèio.
Miau-ler,	Miauler,	mioler.
Lieu,	Lieu,	lieu.
Dieu-ze,	Dieuze,	dieuze.
A-ïeul,	Aïeul,	aïeul.
É-cuè-le,	Écuèle,	écuèle.
Suè-de,	Suède,	suède.
Suai-re,	Suaire,	suère.
Muet,	Muet,	muè.
Lui,	Lui,	lui.
Ai-gui-ser,	Aiguiser,	éguizer.
Le Puy,	Le Puy,	le pui.
*Tui-iau,	Tuyau,	tuyo.
*Vi-du-ï-té,	Viduïté,	viduïté.
Couard,	Couard,	couar.
Be-zoard,	Bezoard,	bezouar.
Poal-lier,	Poallier,	pouallié.
Loi,	Loi,	loè.
Joie,	Joie,	joè.
As-seoir,	Asseoir,	assoèr.

ce qu'il a appris dans la 7.e Leçon, sur l'y, et qu'on lui fasse remarquer quelle valeur cette lettre doit avoir : s'il s'arrête sur *aie, oie*, etc. on lui rappèlera, que l'*e* muet ne se prononce point : s'il rencontre *éu, éi*, etc. on lui fera observer qu'il n'y a point là de diphthongue, et on lui fera prononcer *é-u, é-i*, etc.

On aura aussi grand soin de lui faire une remarque essentiele : c'est que toutes ces diphthongues sont jointes souvent à une consone, qui les précède ou qui les suit, pour former des syllabes simples ou consonantes; et l'on suivra à cet égard, la marche et les raisonements indiqués dans les 4.e et 5.e Leçons, en lui disant : le son *ou* joint au son *b*, produit le son *bou*; le son *r* joint au son *ai*, produit le son *air*; etc. Voyez pages 19 et 29.

SUITE DE LA CINQUIÈME LECTURE.

Lisez.	Écrivez.	Prononcez.
*Moi-ne,	Moine,	moène.
*Hé-ro-ï-ne,	Héroïne,	éroïne.
Noi-io-nais,	Noyonais,	noèionè.
Ro-zoy,	Rozoy,	rozoè.
Ver-seoy,	Verseoy,	versoè.
Poè-te,	Poète,	poète.
Poè me,	Poème,	poème.
Moël-le,	Moëlle,	moèle.
Fouet,	Fouet,	fouè.
*Oui (c'est vrai)	Oui,	oui.
*Ou-ï (entendu)	Ouï,	ou-ï.
*Foui-ne,	Fouine,	fouine.
*Lou-is,	Louis,	louïs.

Voyèles qui doivent se séparer sans qu'il soit besoin de tréma.

I-sa-ac,	Isaac,	izaak.
A-é-ré,	Aéré,	aéré.
A-or-te,	Aorte,	aorte.

SUITE DE LA CINQUIÈME LECTURE.

Lisez.	Écrivez.	Prononcez.
Ré-al,	Réal,	réal.
Ré-é-lu,	Réélu,	réélu.
Né-ré-i-de,	Néréide,	néréide.
Lé-o-ni-ne,	Léonine,	léonine.
Ré-u-ni,	Réuni,	réuni.
Di-ur-ne,	Diurne,	diurne.
Ru-a-de,	Ruade,	ruade.
Ru-é-lé,	Ruélé,	ruélé.
Du-o,	Duo,	duo.

CONSONES INSÉPARABLES.

bl	br	ch	chl
cl	chr	cr	dr
fl	phl	fr	phr
gl	gn	gr	ph
pl	pr	tr	vr

ONZIÈME LEÇON.

CONSONES INSÉPARABLES.

On fera prononcer ces consones, ainsi qu'il est indiqué ci-dessous, au bas de chacune :

bl, br, ch[1] chl, cl, chr, cr, dr, fl, phl,
ble bre che cle cle cre cre dre fle fle

fr, phr, gl, gn, gr, ph[1] pl, pr, tr, vr.
fre fre gle gne gre phe ple pre tre vre

Lorsque l'enfant trouvera ces consones consécutives (2), qu'il ne les sé-

---

(1) Nous avons déja vu les consónes *ch, ph,* lors de la 7.ᵉ Leçon ; je ne les rappèle ici que parce que ce sont aussi des consones inséparables, lorsqu'elles sont consécutives. Je n'en dirai rien autre chose. (Voyez la 7.ᵉ Leçon, et la 4.ᵉ Lecture qui la termine).

(2) On peut remarquer que la dernière de ces consónes inséparables est toujours un *l* ou un *r,* excepté dans *ch, ph* et *gn.* Cés deux consones *l* et *r,* qui ont la propriété de se lier ainsi à celles qui les précèdent, se nomment des consones *liquides.*

SYLLABES.

bla	ble	blé	blè	bli	blo	blu
bra	bre	bré	brè	bri	bro	bru
chla	chle	chlé	chlè	chli	chlo	chlu
chra	chre	chré	chrè	chri	chro	chru
cla	cle	clé	clè	cli	clo	clu
cra	cre	cré	crè	cri	cro	cru
dra	dre	dré	drè	dri	dro	dru
fla	fle	flé	flè	fli	flo	flu
fra	fre	fré	frè	fri	fro	fru
gla	gle	glé	glè	gli	glo	glu
gna	gne	gné	gnè	gni	gno	gnu
gra	gre	gré	grè	gri	gro	gru
phla	phle	phlé	phlè	phli	phlo	phlu
phra	phre	phré	phrè	phri	phro	phru
pla	ple	plé	plè	pli	plo	plu
pra	pre	pré	prè	pri	pro	pru
tra	tre	tré	trè	tri	tro	tru
vra	vre	vré	vrè	vri	vro	vru

pare

pare jamais, mais qu'il les considère
comme ne formant ensemble qu'une
seule et même consone. Ainsi, en lui
faisant lire le mot *criblure*, si vous
êtes obligé de le lui décomposer, vous
le ferez d'abord en syllabes, de la sorte
— *cri-blu-re*; puis, s'il le faut, vous
lui diviserez ainsi les deux premières
syllabes — *cr, i, cri; bl, u, blu;*
mais jamais *c, r, i,* ni *c, ri,* et ainsi
des autres. C'est une règle générale de
laquelle il ne faut jamais s'écarter.

EXCEPTIONS.

Il y a quelques mots où *gn* se prononce durément, en faisant sentir les
deux consones *g, n,* séparément, et
comme s'il y avoit *gue-ne.* Voici les
principaux.

gnome,	*gnomonique,*	*ignition,*	*progné,*
gnomique,	*ignée,*	*inexpugnable,*	*regnicole.*
gnomon,	*ignicole,*	*magnétique,*	

Prononcez *guenòme, iguenée,* etc.
mais sans faire sentir l'*e* muet.

H

SIXIÈME LECTURE.

Blâ-ma-ble,	*Blâmable.*
Bles-sé,	*Blessé.*
Blê-me,	*Blême.*
Blo-ca-ge,	*Blocage.*
Blu-té,	*Bluté.*
Bra-ce-let,	*Bracelet.*
Brê-me,	*Brême.*
Bré-sil,	*Brésil.*
Bri-co-le,	*Bricole.*
Bro-che,	*Broche.*
Brû-lu-re,	*Brûlure.*
Bry-o-ne,	*Bryone.*
Chla-my-de,	*Chlamyde.*
Chlo-ris,	*Chloris.*
Chrê-me,	*Chrême.*

SUITE DE LA SIXIÈME LECTURE.

Chro-no-lo-gie,	*Chronologie.*
Chry-sa-li-de,	*Chrysalide.*
Cla-ve-lé,	*Clavelé.*
Clé-ri-cal,	*Clérical.*
Cli-gné,	*Cligné.*
Clo-che,	*Cloche.*
Clu-se,	*Cluse.*
Clys-tè-re,	*Clystère.*
Cra-cher,	*Cracher.*
Cré-ne-lé,	*Crénelé.*
Crê-che,	*Crêche.*
Cri-me,	*Crime.*
Cro-che-teur,	*Crocheteur.*
Cru-che,	*Cruche.*
Crys-tal,	*Crystal.*

SUITE DE LA SIXIÈME LECTURE.

Dra-pe-rie,	*Draperie.*
Dres-sé,	*Dressé.*
Dro-gue,	*Drogue.*
Dru-ï-de,	*Druïde.*
Dry-a-de,	*Dryade.*
Fla-té,	*Flaté.*
Flé-chir,	*Fléchir.*
Flo-re,	*Flore.*
Flu-te,	*Flute.*
Fra-cas-sé,	*Fracassé.*
Fré-mir,	*Frémir.*
Frè-re,	*Frère.*
Fri-sé,	*Frisé.*
A-fri-que,	*Afrique.*
Fro-ma-ge,	*Fromage.*

SUITE DE LA SIXIÈME LECTURE.

Fru-ga-li-té,	*Frugalité.*
Gla-ce,	*Glace.*
Glis-sa-de,	*Glissade.*
Glo-ri-fiée,	*Glorifiée.*
Rè-gne,	*Règne.*
A-gneau,	*Agneau.*
I-gno-ré,	*Ignoré.*
Gra-pe,	*Grape.*
Gre-nu,	*Grenu.*
Gré-sil,	*Grésil.*
Grès,	*Grès.*
Grê-le,	*Grêle.*
Gri-ma-ce,	*Grimace.*
Gro-gner,	*Grogner.*
Gru-ger,	*Gruger.*

SUITE DE LA SIXIÈME LECTURE.

Phleg-me,	*Phlegme.*
Phra-se,	*Phrase.*
Phré-né-sie,	*Phrénésie.*
Phry-gie,	*Phrygie.*
Pla-cé,	*Placé.*
Plé-ni-tu-de,	*Plénitude.*
Plis-sé,	*Plissé.*
Plo-quer,	*Ploquer.*
Plu-me,	*Plume.*
Pra-ti-que,	*Pratique.*
Pré-cep-teur,	*Précepteur.*
Pri-mi-tif,	*Primitif.*
Pro-cès,	*Procès.*
Pru-nier,	*Prunier.*
Tra-gé-die,	*Tragédie.*

SUITE DE LA SIXIÈME LECTURE.

Tré-sor,	*Trésor.*
Tri-co-ter,	*Tricoter.*
Trô-ne,	*Trône.*
Tru-meau,	*Trumeau.*
Ou-vra-ge,	*Ouvrage.*
Chè-vre,	*Chèvre.*
Cou-vrir,	*Couvrir.*
Che-vro-ti-ne,	*Chevrotine.*

DOUZIÈME LEÇON.

CONSONES INSÉPARABLES

Seulement au commencement des mots.

ps	sb	sc
sch	scl	scr
sp	sph	spl
squ	st	str

Nota. Devant un *e* ou un *i*, on doit prononcer sc comme se.

DOUZIÈME LEÇON.

CONSONES INSÉPARABLES

Seulement au commencement des mots.

Les consones ci-contre doivent être énoncées, ainsi qu'il est indiqué ci-dessous, au bas de chacune :

ps,	sb,	sc,	sch,	scl,	scr,
pse	sbe	ske	ske	skle	skre

sp,	sph,	spl,	squ,	st,	str.
spe	sfe	sple	ske	ste	stre

Faites à l'enfant, à l'égard de ces consones, les mêmes observations que pour celles qui font le sujet de la leçon précédente ; à l'exception que l'on ne doit prononcer celles-ci, ensemble et en un seul son, que lorsqu'elles commencent un mot : car, par-tout ailleurs, la première consone dépend de la syllabe qui précède, et les suivantes commencent la syllabe qui suit. Ainsi, quoique l'on dise spa-*tule*, sans séparer les lettres *sp*, on doit dire *j*as-p*er*, et non *ja*-sp*er*, en partageant *sp* entre les deux syllabes, selon les règles de la 15.e Leçon ci-après.

SEPTIÈME LECTURE.

Psau·me,	*Psaume.*
Pseu-do-ny-me,	*Pseudonyme.*
Pso-ri-que,	*Psorique.*
Psy-co-lo-gie,	*Psycologie.*
Sbi-re,	*Sbire.*
Sca-lè-ne,	*Scalène.*
Scé-lé-rat,	*Scélérat.*
Sceau,	*Sceau.*
Scè-ne,	*Scène.*
Scia-ti-que,	*Sciatique.*
Scho-lie,	*Scholie.*
Sciu-re,	*Sciure.*
Scie,	*Scie.*
Sclé-ro-ti-que,	*Sclérotique.*
Sco-rie,	*Scorie.*
Scri-be,	*Scribe.*
Scro-fu-les,	*Scrofules.*
Scru-pu-le,	*Scrupule.*
Sculp-teur,	*Sculpteur.*
Scy-ta-le,	*Scytale.*
Spa-tu-le,	*Spatule.*

SUITE DE LA SEPTIÈME LECTURE.

Spec-ta-cle,	Spectacle.
Spé-cial,	Spécial.
Spha-cè-le,	Sphacèle.
Sphé-ri-que,	Sphérique.
Sphè-re,	Sphère.
Spi-ral,	Spiral.
Splé-ni-que,	Splénique.
Spo-lié,	Spolié.
Sque-let-te,	Squelette.
Squir-re,	Squirre.
Sta-ble,	Stable.
Sté-ri-le,	Stérile.
Stig-ma-tes,	Stigmates.
Sto-ï-que,	Stoïque.
Stu-pé-fait,	Stupéfait.
Sty-let,	Stylet.
Stra-ta-gê-me,	Stratagême.
Stric-te,	Stricte.
Stro-phe,	Strophe.
Struc-tu-re,	Structure.
Stry-ges,	Stryges.

TREIZIÈME LEÇON.

SYLLABES NASALES.

am	an	em	en
aim	ain	im	in
om	on	um	un
ian	ien	ion	uin
ouin	oin	ouen	ouan

TREIZIÈME LEÇON.

SYLLABES NASALES.

1.º *Sons simples.*

am, an, em, en, aim, ain, im, in,
an an an an in in in in

om, on, um, un.
on on un un

2.º *Diphthongues nasales.*

ian, ien, ion, uin, ouin, oin, ouen, ouan,
ian iin ion uin ouin ouin ouan ouan

Il faut faire prononcer les syllabes
nasales (1), conformément au son ex-

---

(1) On appèle *syllabes nasales* celles dans lesquelles il entre une voyèle qui se prononce un peu
du nez ; on les prendrait d'abord pour des syllabes *consonantes*, telles que celles de la 5.ᵉ Leçon ;
mais elles ne retiénent pas , comme ces dernières,
un son propre à la consone qui les termine. Elles
en ont un particulier, pour l'expression duquel

I

primé au dessous de chacune. Ainsi, on fera doner le son *an* (comme dans *tante*) aux syllabes — *am, an, em, en*; on fera prononcer *in* (comme dans *fin*) les syllabes — *aim, ain, im, in*; et ainsi des autres.

On aura soin aussi, comme pour toutes les leçons précédentes, de ne jamais faire séparer, en lisant, les lettres qui forment ensemble la syllabe nasale. Ainsi, en lisant le mot *vengean-ce*, s'il faut décomposer chaque syllabe, faites dire *v, en, van; ge, an, jan; ce*; et non pas *ve, n,* ni *v, e, n, van*; etc.

Ce que j'ai dit, page 77, de la rencontre des *e* muets devant les diphthongues, peut s'appliquer aux nasales. Ainsi, *ein, ean, eun*, se prononcent absolument comme *in, an, un*, parce que l'*e* muet ne doit pas se faire entendre.

___

nous manquons d'un caractère spécial; et que l'on est convenu d'exprimer par l'addition à la voyèle des lettres *m* ou *n*. C'est pour cela que je ne les ai pas comprises dans le tableau de la page 24.

Mais si l'*e* muet, ou même toute autre
voyèle, était placé après la consone *m*
ou *n*, alors il n'y aurait plus de nasale (2). C'est ce qu'il faudra bien avoir
l'attention de faire remarquer à l'élève
toutes les fois qu'il verra une voyèle
après une syllabe qui pourait lui paraî-
tre nasale.

De même, si l'on rencontre *yen*,
yan, *ym*, etc. on réduira l'*y* à la valeur qu'il doit avoir d'après la 7.ᵉ Leçon, et les syllabes deviendront *ien*,
ian, *im*, si l'*y* ne vaut qu'un seul *i*;

---

(2) En général, le son de ces syllabes n'est
plus nasal, du moment où elles sont immédiatement suivies d'une voyèle, parce qu'alors la
consone *m* ou *n* passe dans la syllabe suivante,
selon les règles de la 15.ᵉ Leçon, ci-après. Ainsi,
quoique l'on dise *parf*um, dans lequel *um* est
nasale, on dit *parfumé*, où il n'y a point de
nasale, parce que les lettres *u* et *m*, quoique
également consécutives, ne sont plus dans la
même syllabe. Il faut excepter le verbe *enivrer*,
et ses dérivés, que l'on prononce *en-i-vrer*, et
non pas *e-ni-vrer*. La syllabe *en* y est nasale quoique suivie d'une voyèle.

ou *i-ien*, *i-ian*, *i-im*; s'il est employé pour deux *i*.

On peut remarquer que la lettre *m* ne s'emploie pour exprimer un son nasal, qu'avant les seules consones *b* ou *p*. Devant toute autre consone, ce son est déterminé par la lettre *n* (3): mais à la fin d'un mot, l'une ou l'autre des consones *m* ou *n* s'emploie pour exprimer ce son, soit qu'elle termine le mot, ou qu'elle soit encore suivie d'une ou de deux consones, qui, pour lors, deviénent absolument muètes, et n'altèrent en rien le son nasal. Par exemple; *prudent*, *camps*, *temps*, *voyons*, *accents*, se prononcent *prudan*, *can*, *tan*, *voi-ion*, *acsan*, etc.

_____

(3) Il n'y a guère que les mots *comte*, et ses dérivés, *Samson*, et peut-être quelques noms propres, où le son nasal soit exprimé par la lettre *m*, quoique la consone suivante ne soit ni un *b* ni un *p*.

EXCEPTIONS.

1.° Sur les nasales simples.

Sur le son an. — Ce son est exprimé par *aen* dans le mot *Caen* et son dérivé *Caenais :* on prononce *Can, Canais.* Il l'est par *aon*, dans les mots *Laon, Craon, paon, faon*, et leurs dérivés, que l'on prononce *Lan, Cran, pan, fan.*

Les lettres *ent* qui expriment ordinairement le son *an*, ne se prononcent point à la fin des troisièmes persones plurièles des verbes. Par exemple :

On écrit :	On prononce :
ils aiment,	*ils aime,*
ils aimaient,	*ils aimè,*
ils firent,	*ils fir,*
ils allèrent,	*ils allèr.*

Toutes les fois qu'on peut mettre *ils* devant un mot qui est terminé par *ent*, il faut regarder ces lettres comme muètes, et ne les prononcer en aucune fa-

13

con. Cependant, il faut dans la lecture faire soner le *t* final et le lier avec la voyèle, s'il y en a une au commencement du mot suivant.

On écrit :   On prononce :
ils aiment la danse, ils aime la danse,
ils aiment à danser, ils aime-tà danser.

Sur le son in. — Il est quelquefois exprimé par les lettres *en*, sur-tout à la fin des mots, comme dans *examen*, qu'on prononce *examin*. ⹀ Il est toujours désigné par *en*, quand il est précédé d'un *i*. C'est ce qui forme la diphthongue *ien*, que l'on prononce *iin*, comme dans *bien*, *lien*, etc.

2.º *Sur les diphthongues nasales.*

Sur le son ian. — Ce son est quelquefois exprimé par *ien*, comme dans les mots *faïence*, *fiente*, etc. que l'on prononce *faïance*, *fianté*, etc.

Sur le son ouin. — On voit ce son exprimé par les lettres *ouen*, dans le mot *Saint-Ouen*, et peut-être quelques autres.

Sur le son uin. — La nasale *uin* n'est pas diphthongue quand elle suit un *q* ou un *g*. Par exemple, *quinze*, *guinder*, doivent être prononcés comme *kinze*, *gainder*, et non comme *kuinze*, *guïnder* : c'est-à-dire que c'est la nasale simple *in* et non la diphthongue *uin* que l'on y doit faire entendre. En effet, la voyèle *u* ne sert alors que d'accessoire à la lettre *q*, ou qu'à doner à la consone *g* le son dur qu'elle doit avoir. (Voyez pages 17 et 33.) Mais si la consone *qu* doit être prononcée comme *cu* (page 21) alors il y a diphthongue, comme dans *quintidi*, *quintuple*, etc.

3.º *De l'effet produit par les lettres* m *et* n, *placées à la suite des syllabes nasales.*

Lorsque les syllabes *am*, *en*, *om*, etc. sont suivies d'un *m* ou d'un *n*, il arrive fort souvent qu'elles ne sont point nasales, mais qu'elles deviénent consonantes, comme celles de la 5.ᵉ Leçon. Alors il faut leur appliquer tout ce qui

a été dit à cette Leçon, et les prononcer *ame*, *ème*, *ome*, etc. Par exemple, la première syllabe des mots *am-
moniac*, *amnistie*, ne doit pas être
prononcée comme *an*, mais comme
ame. Ce sont donc de véritables syllabes consonantes. (Voyez la 5.ᵉ Leçon).

Comme il serait assez difficile de déterminer les cas où la nasale cesse de
l'être, voici la solution de ceux qui se
rencontrent le plus généralement.

Les syllabes	Suivies de	Sont:	Exemples:
am	*m*	Consonante(*)	*Am-moniac.*
am	*n*	Consonante(*)	*Am-nistie.*
an	*m*	Nasale	*Néan-moins.*
an	*n*	Consonante	*An-nuel.*

(*) Il y a quelques exceptions; les voici :

1.º La syllabe *am* suivie de *m* est consonante
dans *grammatical*, et nasale dans *grammaire*,
grammairien, que l'on prononce *gran-mère*,
gran-mérien.

2.º *Am* suivie de *n* se change quelquefois en
â; *condamnable*, se prononce *condânable*.

Les syllabes	Suivies de	Sont :	Exemples :
em	m	Nasale (*)	Em-mener.
en	n	Nasale (*)	En-nuyer.
im	m	Consonante	Im-mobile.
im	n	Consonante	Hym-ne.
in	m	Nasale	Nous vîn-mes.
in	n	Consonante	In-nocent.
om	m	Consonante	Pom-me.
om	n	Consonante(*)	Calom-nie.
on	n	Consonante	Con-naître.
ien	n	Consonante	Vien-ne (rivière).
ion	n	Consonante	Rayon-nante.

Les autres nasales ne sont jamais suivies de *m* ni de *n*.

(*) Il y a quelques exceptions ; les voici :
3.° *Em* suivie de *m*, produit le son *a* dans *femme*, que l'on prononce *fâme*. = Suivie de *n*, dans *solemnel*, et ses dérivés, elle produit le même son *â*. Prononcez *solânel*, etc.
4.° *En*, suivie de *n* dans *ennemi*, se prononce *é*. On pourait même l'écrire ainsi (*énemi*) sans blesser l'étymologie (*inimicus*).
5.°*Om*, suivie de *n*, fait l'effet de la consonante *on* dans *automne*, que l'on prononce *autonne*, et même *autône*.

HUITIEME LECTURE.

Jam-bon,	*Jambon.*
Tou-te,	*Toute.*
Fran-ce,	*France.*
Em-bro-ché,	*Embroché.*
En-cre,	*Encre.*
Ma-nant,	*Manant.*
Cent,	*Cent.*
Né-an-moins,	*Néanmoins.*
Em-me-ner,	*Emmener.*
En-nui-ier,	*Ennuyer.*
Jean,	*Jean.*
Faim,	*Faim.*
Pain,	*Pain.*
Im-bi-bé,	*Imbibé.*
Im-pair,	*Impair.*
In-cer-tain,	*Incertain.*
Cein-tu-re,	*Ceinture.*
Thym,	*Thym,*
Guin-dé,	*Guindé.*
Quin-ze,	*Quinze.*
Nym-phe,	*Nymphe.*

SUITE DE LA HUITIÈME LECTURE.

Bom-be,	*Bombe.*
Pom-pe,	*Pompe.*
Nom-bre,	*Nombre.*
Bon-bon,	*Bonbon.*
Pi-geon,	*Pigeon.*
Ai-mons,	*Aimons.*
Fonds,	*Fonds.*
Parfum,	*Parfum.*
Cha-cun,	*Chacun.*
A jeun,	*A jeun.*
Vian-de,	*Viande.*
Ai-iant,	*Ayant.*
Le mien,	*Le mien.*
Pa-ïen,	*Païen.*
Moi-ien,	*Moyen.*
Lion,	*Lion.*
Rai-ion,	*Rayon.*
Voi-ions,	*Voyons.*
Be-soin,	*Besoin.*
Moins,	*Moins.*
Sa-gouin,	*Sagouin.*

SUITE DE LA HUITIÈME LECTURE.

Chouan,	*Chouan.*
Rouen,	*Rouen.*
Suin-ter,	*Suinter.*
Quin-ti-di,	*Quintidi.*
Juin,	*Juin.*

Exemples de mots où les syllabes qui paraissent nasales, sont consonantes.

Am-mon,	*Ammon.*
Am-nis-tie,	*Amnistie.*
An-non-cé,	*Annoncé.*
An-nu-el,	*Annuel.*
Jean-ne,	*Jeanne.*
Im-men-se,	*Immense.*
Hym-ne,	*Hymne.*
Im-mo-bi-le,	*Immobile.*
Im-mor-tel,	*Immortel.*
In-no-cent,	*Innocent.*

SUITE

SUITE DE LA HUITIÈME LECTURE.

Pom-me,	*Pomme.*
Ca-lom-nie,	*Calomnie.*
Con-naî-tre,	*Connaître.*
La Vien-ne,	*La Vienne.*
Rai-ion-nant,	*Rayonnant.*

K

QUATORZIÈME LEÇON.

SONS MOUILLÉS.

ail   aill   eil   eill

il   ill   euil   euill

ueil   ueill   œil   œill

ouil   ouill   uill

QUATORZIÈME LEÇON.

SONS MOUILLÉS. (1)

On fera prononcer *ail, aill,* comme
dans *éventail, bataille ; eil, eill,*
comme dans *soleil, bouteille ; il, ill,*
comme dans *babil, fille ; euil, euill,*
ueil, ueill, œil, œill, comme dans
deuil, feuille ; ouil, ouille, comme
dans *grenouille ; uill,* comme dans
cuillère.

Il faut (comme pour les Leçons précédentes) prononcer en un seul temps
toutes les lettres qui composent le son
mouillé, sans les désunir.

On peut remarquer aussi que le son
n'est plus mouillé, lorsque les deux
lettres *il* (qui y entrent toujours) sont
suivies d'une voyèle (2). Par exemple,

---

(1) Ce sont encore des sons pour l'expression
desquels nous manquons d'un caractère spécial.
On est convenu de les indiquer par les lettres *il*
que l'on ajoute à la voyèle qu'il faut mouiller.

(2) C'est le même cas que pour la rencontre
des voyèles après les syllabes nasales. Voyez la
note (1), page 99.

NEUVIÈME LECTURE.

Co-rail,	*Corail.*
Tra-vail,	*Travail.*
Paille,	*Paille.*
Mu-raille,	*Muraille.*
Som-meil,	*Sommeil.*
Ré-veil,	*Réveil.*
O-reille,	*Oreille.*
Cor-beille,	*Corbeille.*
Ba-bil,	*Babil.*
Bille,	*Bille.*
Sour-cilleux,	*Sourcilleux.*
Ar-dillon,	*Ardillon.*
Fau-teuil,	*Fauteuil.*
Feuille,	*Feuille.*
Ac-cueil,	*Accueil.*
Or-gueil,	*Orgueil.*
Œil,	*Œil.* (1)
Œilla-de,	*Œillade.*
Fe-nouil,	*Fenouil.*
Ci-trouille,	*Citrouille.*
Cuillè-re,	*Cuillère.*

on dit *de l'ail*, où le son est mouillé, mais on dit *une aile*, où le son n'est pas mouillé, parce qu'il y a une voyèle après les lettres *il*.

On fera observer à l'élève que le son mouillé *euil*, s'écrit *ueil*, après les consones *c*, *g*; c'est-à-dire que l'on y transpose l'*u* pour donner à ces consones le son dur *ke*, *gue*. Ainsi, l'on écrit — *orgueil*, *cercueil*, au lieu de *or-geuil*, *cerceuil*, parce qu'il faudrait alors prononcer *orjeuil*, *cerseuil* (3).

EXCEPTIONS.

Il y a des mots où, malgré l'appa-rence de l'orthographe, il n'y a point de son mouillé. Ainsi, quoique l'on prononce le mot *quille*, en mouillant, on doit prononcer *tranquille*, sans mouiller. Les quatre mots *tranquille*, *mille*, *ville*, *vaudeville* et leurs déri-vés, sont, je crois, les seuls qui souf-

(3) Peut-être serait-il préférable et plus naturel d'écrire *orgueuil*, *cercueuil*.

frent cette exception, quant au son mouillé *ill.*

De même, on ne mouille point *il*, à la fin des mots *il, fil, mil, Nil, vil, exil, subtil, profil, viril, civil, sextil, puéril,* où les dernières syllabes sont simplement consonantes, mais non mouillées.

Il y a aussi des noms finissant en *il,* où la consone *l* ne se fait nullement sentir. Les principaux sont : *sourcil, baril, nombril, gril, outil, persil, grésil, fusil, gentil.* Prononcez *sourci, bari,* etc.

QUINZIÈME LEÇON.

DIVISION DES MOTS EN SYLLABES.

Lorsque l'enfant possédera parfaitement les principes renfermés et développés dans les 14 Leçons précédentes, on poura le faire lire un discours suivi, pour voir s'il sait appliquer les principes qu'on lui aura enseignés (1). Aussi-tôt que vous le verrez hésiter sur un mot, faites-le lui diviser par syllabes, selon la méthode ci-après. Il lira chaque syllabe sans difficulté, s'il possède bien les Leçons précédentes; et par conséquent il lira aussi facilement le mot formé de ces syllabes.

Cette manière de lire un mot difficile, en le décomposant en syllabes, est infaillible : aussi il est, je crois, infiniment nécessaire de bien pénétrer le jeune cerveau de l'enfant, des règles suivantes pour la division d'un mot en syllabes.

(1) Par exemple, on peut essayer de le faire lire quelques phrases de la 10.ᵉ Lecture ci-après.

MOTS A DIVISER EN SYLLABES.

Dents.	Paysan.
Grands.	Interprétation.
Prospectus.	Aujourd'hui.
Arbre.	Inhumain.
Diphthongue	Arrhes.
Délibéré.	Déshoneur.
Criblure.	Amphithéâtre.
Oiseleur.	Exhiber.
Judaïsme.	Déharnacher.
Agneau.	Ahurir.
Noyé.	Enivrer.

1. Il doit toujours y avoir au moins une voyèle dans chaque syllabe : ainsi les mots *dents*, *grands*, etc. ne sont que d'une syllabe, parce qu'il n'y a dans chacun qu'une seule voyèle.

2. Quand il y a deux consones de suite dans le courant d'un mot, il faut toujours faire une division de syllabes entre les deux consones ; à moins que ce ne soit des consones inséparables, comme celles de la 11.ᵉ Leçon : car alors il ne faut compter la totalité de ces consones que pour une seule.

Faites diviser le mot *prospectus*, d'abord entre les deux consones *s*, *p*, puis entre les deux consones *c*, *t*, pour former les trois syllabes *pros-pec-tus*.

Dans le mot *arbre*, les consones *b*, *r*, étant inséparables, ne comptent que pour une seule : ainsi, d'après la règle ci-dessus, faites une division entre les deux consones *r*, *br*, et vous aurez les deux syllabes *ar-bre*.

3. Quand il se rencontre ainsi plus de deux consones consécutives, on les réduit à deux, en ne comptant que pour une seule toutes celles qui sont insépa-

rables ; et en regardant comme nuls tous les *h* qui s'y trouvent.

Dans le mot *diphthongue*, il y a quatre consones consécutives, *phth* ; les deux premières équivalent à la seule *f*, les deux autres à la seule *t* (puisque l'*h* ne se prononce pas) : ainsi l'on aura, toute réduction faite — *diftongue*, que l'on divisera, d'après la 2.ᵉ règle, en trois syllabes — *dif-ton-gue*; et en rétablissant les consones omises, on aura le mot divisé — *diph-thon-gue*.

4. Lorsqu'il n'y a point deux consones consécutives, mais que les voyèles et les consones sont alternativement employées une à une, il faut faire les divisions de syllabes après les voyèles et avant les consones, de sorte que les voyèles finissent les syllabes, et que les consones les commencent. Ainsi, on divisera le mot *délibéré*, de la sorte — *dé-li-bé-ré*. Le mot *criblure* se divisera ainsi — *cri-blu-re*, parce que *bl* ne compte que pour une seule consone (2.ᵉ règle ci-dessus).

5. Quand il y a deux ou plusieurs voyèles de suite dans un mot ; ou elles

forment diphthongue (comme celles
de la 10.e Leçon), ou elles forment des
sons distincts et séparés. Dans le premier cas, il ne faut compter la totalité
des voyèles formant diphthongue, que
pour une seule voyèle; et par conséquent, elles doivent être toutes dans la
même syllabe, et sont soumises à tout
ce qui est dit ci-dessus à l'égard des
voyèles seules : dans le second cas, il
faut faire autant de divisions de syllabes qu'il y a de sons distincts et séparés
dans les voyèles consécutives.

Ainsi, le mot *oiseleur*, se divisera
ainsi — *oi-se-leur*; *oi* et *eu* étant deux
diphthongues, ne se décomposent point.

Dans *judaïsme*, *a*, *ï*, forment deux
sons différents; on dira donc — *ju-
da-ïs-me.*

Dans *agneau*, *eau* est un seul son
(ô); les lettres *gn* sont inséparables;
on dira donc — *a-gnô*, ou *a-gneau*.

6. Quand un *y* est employé pour deux
i (*ii*), il faut toujours le diviser en
deux parties, et doner un *i* à une syllabe, et l'autre à la suivante. Ainsi,

les mots *noyé, paysan*, se diviseront ainsi — *noi-ié, pai-i-san*.

Le mot *interprétation* peut doner un exemple des cinq premières règles.

in - ter - pré - ta - tion.

2.e   3.e   4.e   4.e   5.e règles.

On poura exercer l'élève à diviser les mots suivants et d'autres semblables.

Espagnolète.	Oligarchique.
Emphythéotique.	Irréconciliablement.
Impayable.	Spondaïque.
Engyscope.	Circonvallation.
Aphrodisiaque.	Transsubstantiation.
Prodigieusement.	Diaphragme.

EXCEPTIONS.

Toutes les fois que la lettre *h* est précédée d'une consone quelconque, elle est toujours inséparable de cette consone, pour la division des mots ; et

il

il ne faut compter l'*h* absolument pour rien. *Exemples* : aujour-*d'hui*, i-*nh*u-main, ar-*rhes*, dé-*sh*oneur, amphi-*th*éâ-tre, e-*xh*iber, etc.

Mais si l'*h* est seul, il fait l'office d'une consone, et il faut faire la divi-sion de la syllabe avant cette lettre... *dé-har-na-cher*. (Voyez ci-devant, l'exception à la 7.e Leçon, pag. 55 et 56).

Le mot *enivrer*, cité au bas de la note de la page 99, peut aussi montrer une exception à la 4.e règle, puisqu'on le doit diviser ainsi... *en-i-vrer*, et non *e-ni-vrer*, ainsi que cette règle le prescrit.

SEIZIÈME LEÇON.

CONSONES FINALES, ET LIAISON.

du plomb.	une clef.	les discours.
l'estomach.	du sang.	des accidents.
un cric.	un fusil.	des chevaux.
un banc.	du drap.	du tabac.
un broc.	trop tôt.	d'abord.
un nid.	le magistrat.	un gril.
les grands.	des écrits.	du petit gris.

Nous avons un petit oiseau.

Les oiseaux ont eu peur.

De pied en cap.

Il occupait un rang élevé.

J'ai du tabac agréable.

Soyez aussi sensé que bref et concis.

C'est un bon ami que le vôtre.

Un grand home.	Une table inutile.
Vient-il ?	Un livre agréable.
Un home emporté.	Un grand héros.

SEIZIÈME LEÇON.

CONSONES FINALES, ET LIAISON.

LA plûpart des consones qui terminent un mot, ne se prononcent point, sur-tout dans les mots fort usités. Ainsi, quoique l'on écrive *plomb*, *estomach*, on prononce *plom*, *estoma*. L'usage seul peut faire connaître les mots où il faut prononcer la consone finale. On trouvera dans le tableau ci-vis-à-vis quelques exemples de ceux où elle ne doit pas se faire entendre.

Cependant il faudra faire sentir à l'enfant que quand le mot suivant commence par une voyèle, il est certains cas où l'on doit lier la consone finale du mot précédent avec la voyèle qui commence le suivant, afin qu'il n'y ait point une aspiration et un repos désagréable.

A ce sujet, l'on fera ces remarques importantes.

1.º Les consones *s*, *x*, *z*, se prononcent *z* quand il s'agit de lier un mot

avec le suivant qui commence par une
voyèle.

2.° *c* et *g* se prononcent comme *k*.

3.° *d* se prononce comme *t*.

D'après ces principes, on fera prononcer à l'élève les phrases comprises
dans le tableau de la page 122, de la
sorte :

Nou-zavon-zun peti-toizô.

Lè-zoizô zon-tu peur.

De pié-ten cap.

Il occupè-tun ran-kélevé.

Jé du taba-kagréable.

Soyé-zaussi sensé que brè-fé conci.

Cè-tun bon-nami que le vôtre.

On devra lui observer cependant que
cette liaison n'est de rigueur que dans
la lecture ; mais dans la conversation
familière, on ne s'astreint point à toutes les liaisons, et l'on pourait dire,
sans être ridicule : *j'ai du taba agréable*, sans faire soner le *c*. Mais on ne
pourait s'empêcher de dire — *un gran-
tome, vien-til*, etc. Il est ainsi des cas
où il faut nécessairement faire la liaison. L'usage seul peut les apprendre.

Il faut encore lui faire remarquer

que lorsqu'un mot finissant par un *e*
muet, est suivi d'un autre commençant
par une voyèle, il ne faut nullement
faire sentir l'*e* muet. Ainsi, on prononce *un home emporté*, *une table
inutile*, *un livre agréable*, comme
s'il y avait *un homemporté*, *une
tablinutile*, *un livragréable* (1).

EXCEPTIONS.

Il y a des circonstances où l'on ne

_____

(1) Ce serait ici le cas, si l'élève paraît avoir
de la conception, de lui apprendre, au moins
généralement, la distinction de l'*h* en *aspiré* et
non aspiré. Celui qui est aspiré, et qui commence un mot, fait à la liaison l'office d'une
consone, au lieu que celui qui n'est point aspiré
et qu'on appèle *muet*, laisse l'entier effet de la
voyèle qui le suit. Ainsi, on dit *un grand home*,
comme s'il y avait *gran-tome*, parce que l'*h* du
mot *home* est muet; au lieu que l'on ne dit pas
un grand héros comme *un gran-téros*, mais
comme un *gran éros*, parce que l'*h* de *héros* est
aspiré.

L 3

doit pas faire de liaison, même en lisant. Par exemple,

On écrit :   On prononce :
un champ étendu ; *un chan-étendu,*
le camp ennemi, *le can énemi,*
pied à pied ; *pié à pié ;*
sans faire soner le *p* ni le *d.*

Quand un mot finit par *ct*, cette double lettre fait à la liaison l'office de *k*, comme s'il n'y avait pas de *t.*

On écrit :   On prononce :
district étendu, *distri-kétendu,*
aspect agréable, *aspè-kagréable,*
respect infini, *respè-kinfini.*

DIX-SEPTIÈME LEÇON.

PONCTUATION.

, Virgule.	! Point d'exclamation.
; Point-virgule.	' Apostrophe.
: Deux points.	- Trait d'union.
. Point.	( ) Parenthèses.
? Point d'interrogation.	» Guillemets.

Il faut habituer l'enfant à s'arrêter aux endroits indiqués par la ponctuation. En conséquence, on lui dira :

1.º Quand on rencontre une *virgule*, il faut s'arrêter un peu plus que l'on ne fait entre deux mots consécutifs.

2.º Si c'est un *point-virgule*, on doit s'arrêter davantage qu'à la virgule.

3.º Les *deux points*, qu'on appèle aussi un *comma*, indiquent qu'il faut se reposer encore davantage.

4.º Le *point* seul marque que la phrase est finie. Il exige une petite pause avant que de commencer la suivante.

5.º Lorsque l'on voit un *point d'interrogation*, on done à la phrase qu'il termine le ton d'une demande.

6.º Si c'est un *point d'exclamation* ou *d'admiration*, on doit doner à la phrase un air de surprise, de crainte, etc.

7.º L'*apostrophe*, qui se met au haut et à droite des lettres, ne produit aucun effet pour la lecture. Il faut joindre la consone qui précède avec la voyèle qui suit l'apostrophe, pour n'en former qu'une même syllabe. Ainsi, pour lire *quelqu'un l'a vu aujourd'hui*, on divisera les mots de la sorte : *quel-quun la vu au-jour-dhui.*

8.º Le *tiret* (-) qu'on appèle aussi *division* ou *trait d'union* (1), ne fait pas plus d'effet que l'apostrophe. On lit *qu'a-t-il fait? est-il ici?* comme s'il y avait *qua til fait? è til ici?*

_____

(1) Le *tiret* se nome *trait d'union* quand il sert à joindre deux ou plusieurs mots pour n'en former qu'un seul. On l'appèle *division*, lorsqu'il sert à diviser les mots au bout des lignes, quand ils ne peuvent pas y tenir tout entiers. Dans ce cas, la division se place toujours entre deux syllabes.

9.º Les *parenthèses* et les *guillemets* exigent que l'on prononce les mots que ces signes renferment d'un ton différent de celui dont on se sert pour le reste du discours; et pour cela, il faut nécessairement s'arrêter un peu quand on les rencontre.

10.º Il en est de même du caractère *italique*, qui doit être lu d'un ton différent du caractère ordinaire.

11.º On peut encore faire remarquer *l'alinéa*, ou petit câré blanc que l'on rencontre souvent au commencement d'une ligne. Il indique que l'on doit s'arrêter encore plus long-temps qu'on ne fait ordinairement au commencement d'une phrase.

DIX-HUITIÈME LEÇON.

LETTRES DOUBLES ET ABBRÉVIATIONS.

Lettres doubles		Leur valeur.	Lettres doubles		Leur valeur.
romaines	italiques		romaines	italiques	
æ	œ	ae, é	ſ	ſ	s
Æ	Æ	AE, É	ff	ſſ	ss
œ	œ	oe, eu	fi	ſi	si
Œ	Œ	OE, EU	ffi	ſſi	ssi
ẅ	w	v, ou	fl	ſl	sl
W	W	V, OU	ſb	ſb	sb
ff	ff	ff	ft	ſt	st
fi	fi	fi	&	&	et
ffi	ffi	ffi	*abbréviations.*		
fl	fl	fl	&c.	&c.	et autres
ffl	ffl	ffl	n.º	n.º	nombre
ct	ct	ct			

DIX HUITIÈME LEÇON.

LETTRES DOUBLES ET ABBRÉVIATIONS.

On peut actuellement apprendre à l'élève la figure des lettres doubles, tant du caractère romain que de l'italique. Elles sont toutes réunies dans le tableau ci-contre : en les faisant remarquer à l'enfant, on lui apprendra ;

1.º Que la lettre double œ ou Æ se prononce comme é ;

2.º Que œ ou Œ, se prononce comme eu ;

3.º Que w ou W, qui équivaut à deux v, doit se prononcer v au commencement des mots et des syllabes, et ou lorsqu'il les termine.

On lui fera aussi connaître la figure des s longs (ſ) et des lettres doubles qui en sont formées, parce qu'il y a beaucoup de livres où l'on s'en sert encore.

Les abbréviations — &c. — nº. — se rencontrent aussi très - fréquemment. On en expliquera l'usage aux enfants, en leur en indiquant la valeur.

DIX-NEUVIÈME LEÇON.

CHIFFRES.

arabes	romains	Noms.	arabes	romains	Noms.
1	I	un	50	L	cinquante
2	II	deux	60	LX	soixante
3	III	trois	70	LXX	soixante-dix
4	IV	quatre	80	LXXX	quatre-vingt
5	V	cinq	90	XC	quatre-vingt-dix
6	VI	six	100	C	cent
7	VII	sept	200	CC	deux cents
8	VIII	huit	300	CCC	trois cents
9	IX	neuf	400	CD	quatre cents
10	X	dix	500	D	cinq cents
11	XI	onze	600	DC	six cents
12	XII	douze	700	DCC	sept cents
13	XIII	treize	800	DCCC	huit cents
14	XIV	quatorze	900	CM	neuf cents
15	XV	quinze	1000	M	mille
16	XVI	seize			
17	XVII	dix-sept		*Abbréviations.*	
18	XVIII	dix-huit	1.º	premièrement, *ou* d'abord.	
19	XIX	dix-neuf	2.º	secondement.	
20	XX	vingt	3.º	troisièmement, &c.	
30	XXX	trente	1.er 1.re	premier, première.	
40	XL	quarante	2.e	deuxieme, &c.	

DIX-NEUVIEME

DIX-NEUVIÈME LEÇON.

CHIFFRES.

Il sera bon de doner à l'enfant une idée de la figure des chiffres, tant arabes que romains, afin qu'il puisse de bone heure les lire et les énoncer courament. Il en est de même des abbréviations — 1.º — 2.º — 1.er — 2.e — etc. que l'on rencontre souvent dans la lecture, et dont il est essentiel de lui expliquer l'usage.

On poura dès ce moment, et par ce moyen, lui doner les premières notions de la numération, et les faire suivre des connaissances indispensables qu'exige l'étude de l'arithmétique. Mais ceci sort de mon objet, qui se trouve terminé par cette Leçon, à laquelle j'ajouterai cependant celle qui suit, et qui m'a paru nécessaire pour présenter à l'enfant un résumé de tout ce qu'il doit avoir appris.

M

VINGTIÈME LEÇON.

RÉSUMÉ GÉNÉRAL.

DIXIÈME LECTURE.

Les *mots* que l'on écrit et que l'on prononce, sont composés de *syllabes*.

Les syllabes sont formées par la réunion de deux ou de plusieurs *lettres*.

On se sert de vingt-cinq lettres différentes pour écrire et exprimer toutes sortes de syllabes et de mots.

Il y a six lettres qui peuvent former toutes seules une syllabe, un son : on les appèle *voyèles*.

Il y a dix-neuf Lettres qui ne peuvent s'employer sans être accompagnées d'une voyèle : on les appèle *consones*.

DES VOYÈLES.

Les six voyèles sont *a, é, i, o, u, y*.

On trouve quelquefois sur les cinq

VINGTIÈME LEÇON.

RÉSUMÉ GÉNÉRAL.

Sᵢ l'on a suivi avec attention la marche progressive que j'ai indiquée pour enseigner à l'élève les éléments de la lecture; si on lui a appris à bien faire l'application des règles et des préceptes à tel exemple, dans tel livre que ce soit, il est constant que quand il sera parvenu à cette Leçon, il saura lire.

_Pour le fortifier dans la connaissance de ces principes, rien ne sera plus utile que de lui faire lire d'abord le résumé ci-contre. Le style en est très simple, mis à sa portée et approprié à son intelligence.

Quand on le lui aura fait lire par plusieurs fois, on passera à l'ouvrage entier, où il prendra connaissance des exceptions, et où il puisera des détails plus étendus. Après l'avoir lu attentivement deux ou trois fois, il sera à portée de lire partout, et dans toutes sortes de livres français.

M 2

premières un petit signe que l'on appèle un *accent*.

Il y a trois sortes d'accents.

L'accent *aigu* est fait ainsi (′), et
ne se met que sur la voyèle *é*, qu'il
faut prononcer alors comme à la fin
du mot *bonté*.

L'accent *grave* est figuré de la
sorte (`) : il se met aussi sur la même
voyèle (*è*) ; mais alors on la prononce
comme dans le mot *succès*. Quand
il est placé sur les voyèles *à*, *ù*, il ne
change rien à leur prononciation.

L'accent *circonflexe*, formé de la
réunion des deux autres (^), se met
sur les cinq premières voyèles, de la
sorte, *â*, *ê*, *î*, *ô*, *û*. Quand on voit
cet accent, il faut appuyer un peu
plus long-temps que de coutume, en
prononçant la voyèle sur laquelle il
est placé.

Il faut avoir grande attention en
lisant, de doner aux voyèles accen-
tuées le son qui leur convient.

Quand il n'y a pas d'accent sur la

voyèle *e*, on dit que c'est un *é muet*; et il ne se prononce point, ou très-faiblement; *père, mère,* se prononcent comme *pèr, mèr.*

La voyèle *y* n'a jamais d'accent. On la prononce comme la voyèle *i*, quand elle est placée entre deux consones, ou qu'elle forme un mot à elle seule. *Il y a, syllabe,* se prononcent comme s'il y avait — *il i a, sillabe.*

Quand elle est entre deux voyèles, on doit la regarder comme formée de deux *i* réunis, dont l'un s'ajoute à la voyèle d'avant, et l'autre à celle d'après ; comme dans le mot *voyèle,* qu'on prononce *voi-iè-le.*

Deux ou trois voyèles réunies forment souvent un seul son, et on les prononce ensemble, comme *eu, ou, iau, ei, iai, oi, ay,* etc.

Ces sortes de voyèles doubles ou triples se noment des *diphthongues.* Quand on les rencontre dans la Lecture, il ne faut jamais les séparer, mais les prononcer en même temps.

On voit quelquefois deux points sur une voyèle, comme *ë*, *ï*, *ü*, cela veut dire qu'elle ne forme point diphthongue avec la voyèle qui la précède.

Alors il faut prononcer les deux voyèles séparément. Ces deux points se noment *un tréma*. Le mot *haïr* se prononce *a-ir*, et non pas *air* ou *èr*.

DES CONSONES.

Des dix-neuf consones, il y en a treize simples, c'est-à-dire, qui se prononcent toujours de même. Ce sont : *b*, *d*, *f*, *j*, *k*, *l*, *m*, *n*, *p*, *qu*, *r*, *v*, *z*.

Cinq ont un double son, c'est-à-dire, se prononcent tantôt d'une façon, tantôt d'une autre. Ce sont : *c*, *g*, *s*, *t*, *x*.

La consone *c* se prononce comme *k* avant les voyèles *a*, *o*, *u*, ou dèvant une consone, ou à la fin d'un mot ; comme dans *café*, *coq*, *octidi*, *sac*, *curieux*, etc.

Elle se prononce comme *s*, quand elle est placée avant les voyèles *é, i, y*, et aussi quand il y a dessous cette lettre une petite virgule nomée *cédille*, de la sorte... *ç*. On prononce *Cécile, cygne, reçu*, comme *Sésile, signe, resu*.

Le *g* doit se prononcer *gue* avant les voyèles *a, o, u*, ou avant une consone, ou à la fin d'un mot. Il se prononce comme *j* avant les voyèles *é, i, y.* — *gagé, gilet*, etc.

La consone *s* a le même son qu'un *z* quand elle est placée entre deux voyèles. Ailleurs, elle se prononce généralement *se*. Très-souvent à la fin des mots, on ne la prononce point.

La lettre *t* se prononce ordinairement *te*; mais quand elle est suivïe de deux voyèles dont la première est un *i*, il faut presque toujours la prononcer comme *se*.

La consone *x* se prononce généralement *k-se*; mais quand un mot commence par les deux lettres *ex*

suivies d'une voyèle; le *x* se prononce *gze*; et l'on dit *egz*; par exemple, le mot *examiné* se prononce
egzaminé.

Il y a une consone qui ne se prononce pas du tout. C'est la lettre *h*.
Quand on la rencontre au commencement des mots, il ne faut pas la
compter, ni la nomer en aucune
façon.

Mais quand elle suit un *c*, de la
sorte —*ch*, on prononce les deux lettres ensemble, et on leur done le son
che, comme dans le mot *cheval*.

Si elle suit un *p*, de la sorte —*ph*,
elle lui done le son de la consone
simple *f*. Ainsi, quand on voit ces
deux lettres *ph*, c'est précisément
comme si l'on rencontrait un *f*: il ne
faut donc jamais les désunir.

Il y a des consones qu'il ne faut
jamais séparer de celles qu'elles suivent.

Ce sont les lettres *l* et *r*, quand
elles sont placées après les consones

b, *c* ou *ch*, *d*, *f* ou *ph*, *g*, *p*, *t*, *v*; de la sorte *bl*, *br*, *chr*, *phl*, *dr*, etc.

La lettre *n* placée à la suite de la consone *g*, en est aussi inséparable, comme dans le mot *agneau*.

La consone *s*, au commencement d'un mot, et suivie d'une des lettres *b*, *c*, *p*, *qu*, *t*, ne s'en sépare pas non plus; comme dans *spectacle*, *stable*, etc.

Mais au milieu d'un mot, la consone *s* se détache de celle qui la suit, et ne fait point partie de la même syllabe.

DES SYLLABES.

Une syllabe est un son formé par la réunion de deux ou de plusieurs lettres, et quelquefois par une seule voyèle.

Les syllabes *simples*, sont celles qui sont formées par une consone suivie d'une voyèle; comme *ma*, *la*, *de*, etc.

Une diphthongue ne compte, dans la lecture, que pour une seule voyèle:

ainsi les syllabes *beau*, *loi*, *geai*, sont des syllabes simples.

Les consones qui ne peuvent se séparer, ne comptent également ensemble que pour une seule consone: ainsi, les syllabes *bla*, *cri*, *gno*, *cha*, sont aussi des syllabes simples.

Les syllabes *consonantes* sont formées par une voyèle suivie d'une consone, comme *ar*, *ac*, *ef*, *il*, etc.

Il y a des syllabes *composées*, qui consistent en une voyèle placée entre deux consones, comme *bal*, *mar*, *col*, *char*, *four*.

Les *nasales* sont des syllabes qui se prononcent un peu du nez, comme *an*, *in*, *on*, *un*. Elles sont toujours terminées par un *n* ou un *m*.

La consone *m* ne termine une nasale qu'à la fin d'un mot, ou lorsqu'elle est suivie d'un *b* ou d'un *p*. Autrement, la nasale est terminée par un *n*.

Les syllabes *mouillées* sont toujours terminées par les lettres *il*. Les

principaux sons mouillés sont *ail,*
eil et *euil,* comme dans *paille, cor-*
beille, cerfeuil.

Il ne faut jamais séparer, en lisant, les lettres qui forment ensemble une syllabe, soit simple, soit
consonante, nasale ou mouillée.

Quand elle paraît un peu difficile
à lire, à cause qu'elle est composée
de plusieurs lettres, il faut se rappeler que toutes les voyèles qui peuvent y être ne comptent que pour
une seule, et que les consones inséparables ne comptent aussi que pour
une seule consone.

Par exemple, pour lire le mot
agneau, on lit d'abord la voyèle *a*
toute seule; ensuite on se rappèle
que les consones inséparables *gn* forment le son *gne,* et que les trois
voyèles *eau* forment le seul son *ó,*
et on lit comme s'il y avait *a-gnó.*

DE LA LECTURE EN GÉNÉRAL.

Quand un mot est un peu long,
on le divise tout bas par syllabes, et

on lit séparément chaque syllabe; après quoi, on les réunit bien vîte, pour lire le mot tout d'un coup.

Pour bien diviser un mot par syllabes, il faut se souvenir d'abord qu'il faut toujours au moins une voyèle dans chaque syllabe. Ainsi, dans le mot *papa*, il y a au moins deux syllabes, puisqu'il y a deux voyèles séparées.

Ensuite, quand il n'y a qu'une consone entre deux voyèles, on ne prend pas cette consone, on la laisse pour commencer la syllabe suivante : ainsi, l'on divise *papa* de la sorte, *pa-pa*, et non point *pap-a*; on fait ainsi des syllabes simples le plus qu'il est possible.

Quand il y a deux consones de suite, on en prend une et on laisse l'autre pour commencer la syllabe suivante. Alors on forme une syllabe consonante, comme dans le mot *accepté*, que l'on divise ainsi, *ac-cep-té*.

Mais si la seconde consone est un

l ou un *r*, on ne prend point la première, parce que les deux consones ne comptent que pour une : ainsi, *table* se divise ainsi, *ta-ble*, pour avoir deux syllabes simples, et non pas ainsi, *tab-le* : *arbre* se divise de de la sorte *ar-bre*, et non pas *arb-re*.

Quand on lit tout haut, il faut avoir soin de *lier* ensemble les mots qui doivent l'être.

Lier les mots, c'est faire soner la consone qui termine un mot, et en lier le son avec celui de la voyèle qui commence le mot suivant.

Lorsque cette consone est un *s* ou un *x*, on la fait soner comme *z*. *Des esprits ornés*, prononcez *dè-zesprit-zornés*. *Aux environs*, prononcez *au-zenvirons*.

Quand c'est un *d*, on le fait soner comme *t*. *Un grand animal* se prononce *un gran-tanimal*.

Les consones *c* et *g* se prononcent comme *k* à la fin des mots. En lisant *du tabac agréable, un rang illustre*;

N

prononcez *du taba-kagréable*, *un ran-killustre.*

En général, les consones qui sonent ainsi à la fin des mots, ne se prononcent point, si le mot suivant commence aussi par une consone.

Par exemple, on ne prononce pas les dernières consones des mots *esprits*, *aux*, *grand*, *rang*, *tabac*, quand le mot qui les suit commence par une consone. Comme dans *esprits forts*, *aux livres*, *grand garçon*, *rang distingué*, *tabac d'Espagne.*

Quand on rencontre une *virgule* (,) cela veut dire que l'on doit faire là une petite pause.

On se repose un peu plus quand il y a un *point-virgule* (;).

S'il y a *deux points* (:), il faut s'arrêter encore davantage.

Quand il n'y a qu'un *point* (.), c'est la fin de la phrase : on se repose un peu avant que de commencer la suivante.

Un *alinéa* exige que l'on s'arrête

encore davantage. On appèle alinéa un petit câré blanc que l'on voit quelquefois au commencement d'une ligne.

Un *point d'interrogation* (?) ou *d'exclamation* (!) demande un repos semblable à celui du point seul.

L'*apostrophe* (') et la *division* (-) ne comptent pour rien dans la lecture. On lit les mots où elles se trouvent comme si ces caractères n'y étaient point.

Le caractère *italique* exige qu'on le prononce d'un autre ton que le caractère ordinaire qu'on appèle *romain*, afin de faire mieux sentir les mots pour lesquels on emploie le premier de ces caractères.

On doit aussi prononcer d'un ton différent, les mots qui sont renfermés entre deux *parenthèses* ( ), ou qui sont accompagnés de *guillemets* (»).

Les grandes lettres par lesquelles on commence des phrases, des alinéas, se noment des *capitales*; les petites lettres se noment des *minus-cules*.

Toutes les fois que l'on rencontre les lettres doubles *ff*, *ffi*, *ffl*, *ſſ*, *ſſi*, *ſt*, on doit en détacher la première consone, pour faire la division d'un mot en syllabes.

Les lettres doubles œ, œ, w, *fi*, *fl*, *ſi*, &, appartiènent toujours à la même syllabe.

Enfin, les premières consones des lettres doubles *ct*, *ſb*, *ſt*, s'en détachent quelquefois, et d'autres fois dépendent de la même syllabe que la consone suivante.

Enfants, retenez bien toutes ces règles, tous ces principes ; faites-en l'application à propos, et vous saurez bien lire.

FIN.

www.ingramcontent.com/pod-product-compliance
Lightning Source LLC
Chambersburg PA
CBHW050023100426
42739CB00011B/2760